立花龍司
Tachibana Ryuji

大谷翔平のバッティング解剖図鑑

ALL ABOUT SHOHEI OTANI'S BATTING

nowledge

はじめに

１５９試合出場、６３６打数１９７安打、打率3割1分0厘、54本塁打、１３０打点、59盗塁——これがロサンゼルス・ドジャースに移籍して1年め、２０２４年レギュラーシーズンにおける大谷翔平選手の打撃成績です。

２年連続のホームラン王と初の打点王の二冠に輝き、しかも史上初の50-50（50本塁打・50盗塁）まで達成したのですから、驚異としかいいようがありません。まさにスーパースターのなせる業です。ナショナル・リーグのＭＶＰ（最優秀選手）に選ばれたのも当然の結果といえるでしょう。

２０２３年に受けた右ひじの手術の影響により、打者に専念した1年間とはいえ、ここまでの活躍を予想した人は、ファンはもとより、専門家でさえもどれほどいたでしょうか。

なぜ大谷選手はこれほどまでに大躍進できたのでしょう。

30歳という野球選手として最も油の乗る年齢を迎えたことも一因でしょう。また、北海道日本ハムファイターズ時代と比べて、別人のようになった大谷選手の体の大きさが頭に浮かんだ人も多いと思います。

確かに、いまや野球界におけるウエイトトレーニングの重要性は広く認知されており、ウエイトトレーニングによって大谷選手の筋力がパワーアップしたことは間違いありません。

しかし、大谷選手がこれほどまでに活躍できた原因は、ウエイトトレーニングだけにあるわけではありません。実は、米国に渡ったある時期から、バッティングの方法を大変換しているのです。

それは、それまでのバッティングと正反対の方法論といってもよいものでした。ひとことでいえば、打球をより遠くへ飛ばすためのバッティングに変更したのです。

打球を遠くへ飛ばす――思えば、これこそバッティングの醍醐味です。フルスイングをして、ボールを遠くへかっ飛ばす快感は何物にも代えがたいはずです。大谷選手は、この野球の原点ともいうべき視点に立ち返ったのです。

私は大谷選手が〝二刀流〟に挑戦することが決まってからの大ファンで、彼の一挙手一投足から発言までを常に追い続けています。そこで本書では、私がこれまでに収集したデータに基づき、現在の大谷選手のバッティングを徹底解剖することで、打球を可能な限り遠くへ飛ばすにはどうすればよいかを解説することにしました。

本書を一読のうえ、ぜひ大谷選手のバッティングを追体験してください。そして、ホームラン、ビッグフライを打つ快感を味わってもらえれば、著者として望外の喜びです。

２０２５年４月

立花龍司

大谷翔平のバッティング解剖図鑑
CONTENTS

第1章 なぜ大谷翔平はこれほど進化できたのか

第2章 大谷翔平のバッティングを解剖する

第3章

バッティングにおける"日米格差"の謎をひも解く

第4章 まねるは学ぶの第一歩

デザイン　田中俊輔
取材協力　狩野元春（ヤンドラ）
イラスト　横山英史
編集　加藤紳一郎（X-knowledge）
印刷　シナノ書籍印刷

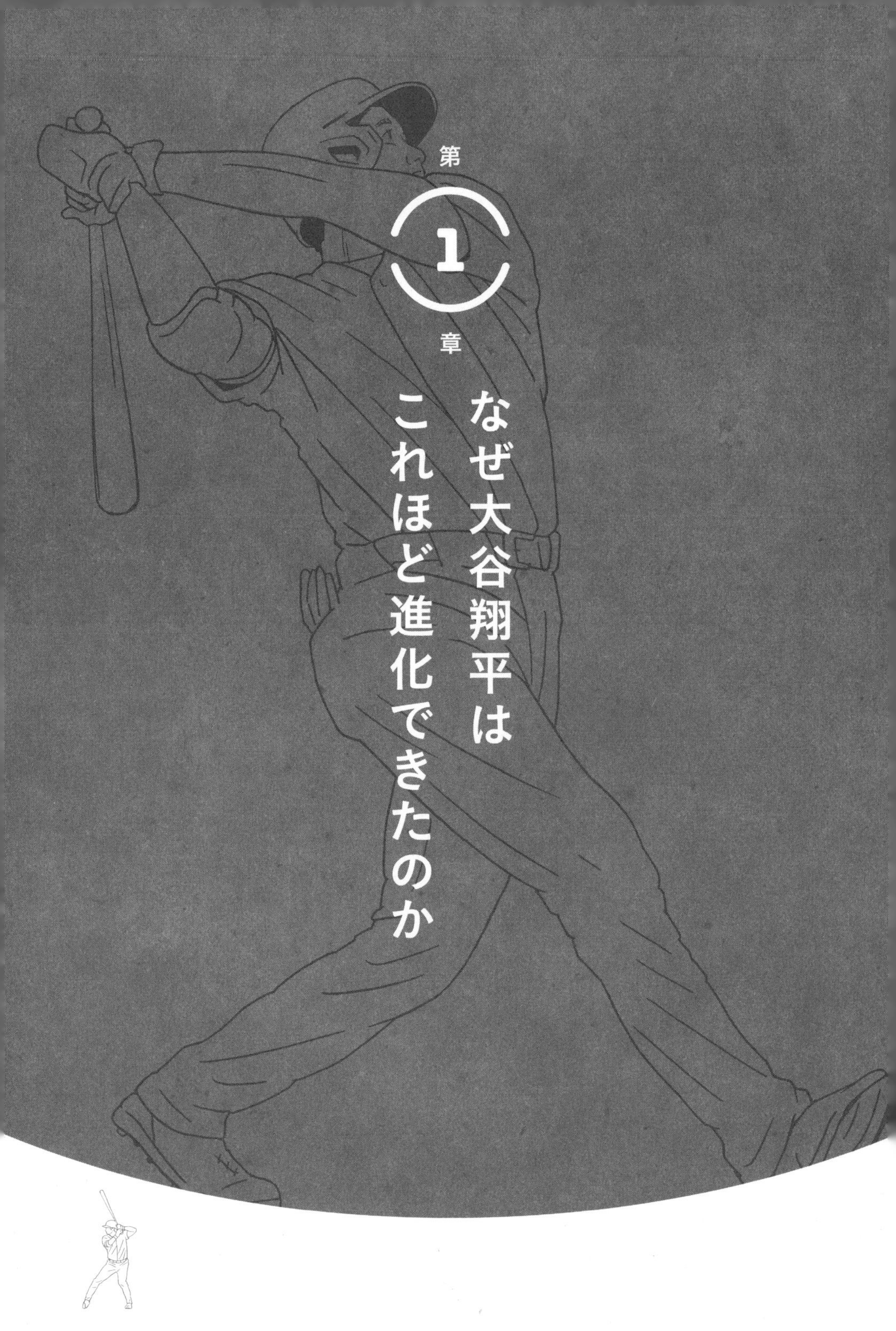

第1章 なぜ大谷翔平はこれほど進化できたのか

進化の要因は四つある

2024年シーズンに、メジャーリーグの記録を次々と塗り替える空前絶後の活躍をした大谷翔平選手。なぜ彼はここまで進化できたのでしょうか。

私は、大谷選手が進化した要因は以下の4点にあると分析しています。

❶アスリートとしての姿勢の確立
❷肩甲骨の運動性と安定性の向上
❸筋肉量の増加
❹水平回転メインから垂直回転メインへの転換

本書のメインテーマは「大谷選手のバッティングを徹底解剖することにより、打球をより遠くへ飛ばす方法を指南する」です。先にあげた四つの要因のうち、このテーマに直結するのは④になります。

しかし、バッティングの方法論以前に、大谷選手は大幅な肉体改造をやり遂げています。それに該当するのが①〜③です。

つまり、①〜③によってバッティングの基礎となる体をつくり、そのうえでバッティングの方法を大変換しているのです。

次項から、四つの要因について、一つひとつくわしく解説していきましょう。

なお、ページの右上や左上に掲載しているQRコードを、スマートフォンのQRコードリーダーやカメラで読み取ると、その項目に関連したエクササイズの動画を視聴することができます。

また、3ページから111ページにかけて、大谷選手のバッティングフォームのパラパラ漫画を掲載しています。ぜひパラパラとページをめくって、大谷選手のバッティングの〝動画〟をご覧ください。

とくに、第1〜3章の各項目の注意点を頭に入れたうえでパラパラ漫画を見ると、大谷選手のバッティングの実際がリアルに実感できるでしょう。

さらに、第4章では「まねるは学ぶの第一歩」と題して、大谷選手のコンディショニングの工夫や独特のルーティンを紹介しています。これらをぜひまねてみてください。大谷選手に近づく第一歩となるはずです。

大谷選手が進化した四つの要因

1. アスリートとしての姿勢の確立

2. 肩甲骨の運動性と安定性の向上

3. 筋肉量の増加

4. 水平回転メインから垂直回転メインへの転換

進化の要因❶
アスリートとしての姿勢の確立

大谷選手が進化した要因の一つめは、アスリートとして基本的な姿勢をとれるようになったことです。

大谷選手が身につけている姿勢を「パワーポジション」といいます。パワーポジションとは、最も大きな力を出しやすい、また最も素早く移動しやすいポジションのことです。

具体的には、胸を張り、股関節(こかんせつ)を軽く曲げてお尻を突き出し、ひざも軽く曲げた姿勢を指します。なお、股関節とひざの曲げ具合は状況に応じて変わります。

左のイラストは、2024年の大

谷選手の打席でのかまえです。まさにお尻を突き出して胸を張っているのがわかります。このポジションをとれるため、力強いスイングが可能になったことも、打球の飛距離がグンと伸びた要因の一つです。

また、パワーポジションがとれた状態でトレーニングをすると、トレーニング効果が圧倒的に高くなるうえに、ケガもしづらくなります。このことも、バッティングの進化に大きく貢献したのはいうまでもありません。

残念ながら、日本の野球選手のなかで、パワーポジションをとれている人は多くありません。そのため、左のイラストのようなかまえになっています。

このように胸が縮こまった姿勢では、大きな力を発揮できないだけでなく、腕の操作も思うようにできません。

胸が縮こまった姿勢では大きな力を発揮できず腕の操作も困難になる

パワーポジションのカギを握る骨盤と大腰筋

パワーポジションがとれているか、いないかの違いをひとことでいうと、骨盤が真っすぐ立っているか、前後に傾いているかの違いということになります。

骨盤は、腰椎（背骨の腰の部分）と大腿骨（太ももの骨）の間で体を支えている骨格で、仙骨と尾骨を中心に左右一対の換骨（腸骨、恥骨、座骨）で構成されています。

本来、骨盤は真っすぐに立っているものですが、さまざまな要因により前傾したり後傾したりします。

とくに、現代人に顕著な骨盤後傾は、ネコ背を招き、それに連動してお尻が垂れ下がるため、パワーポジションをとるのが困難になります。

それでは、骨盤が真っすぐに立つには何が必要なのでしょうか。そのカギを握るのが大腰筋です。

大腰筋は、腰椎から骨盤の前を通って大腿骨につながる筋肉です。この大腰筋が分厚く、しっかりとした力を発揮すると、骨盤が真っすぐに立ち、パワーポジションをとりやすくなるのです。

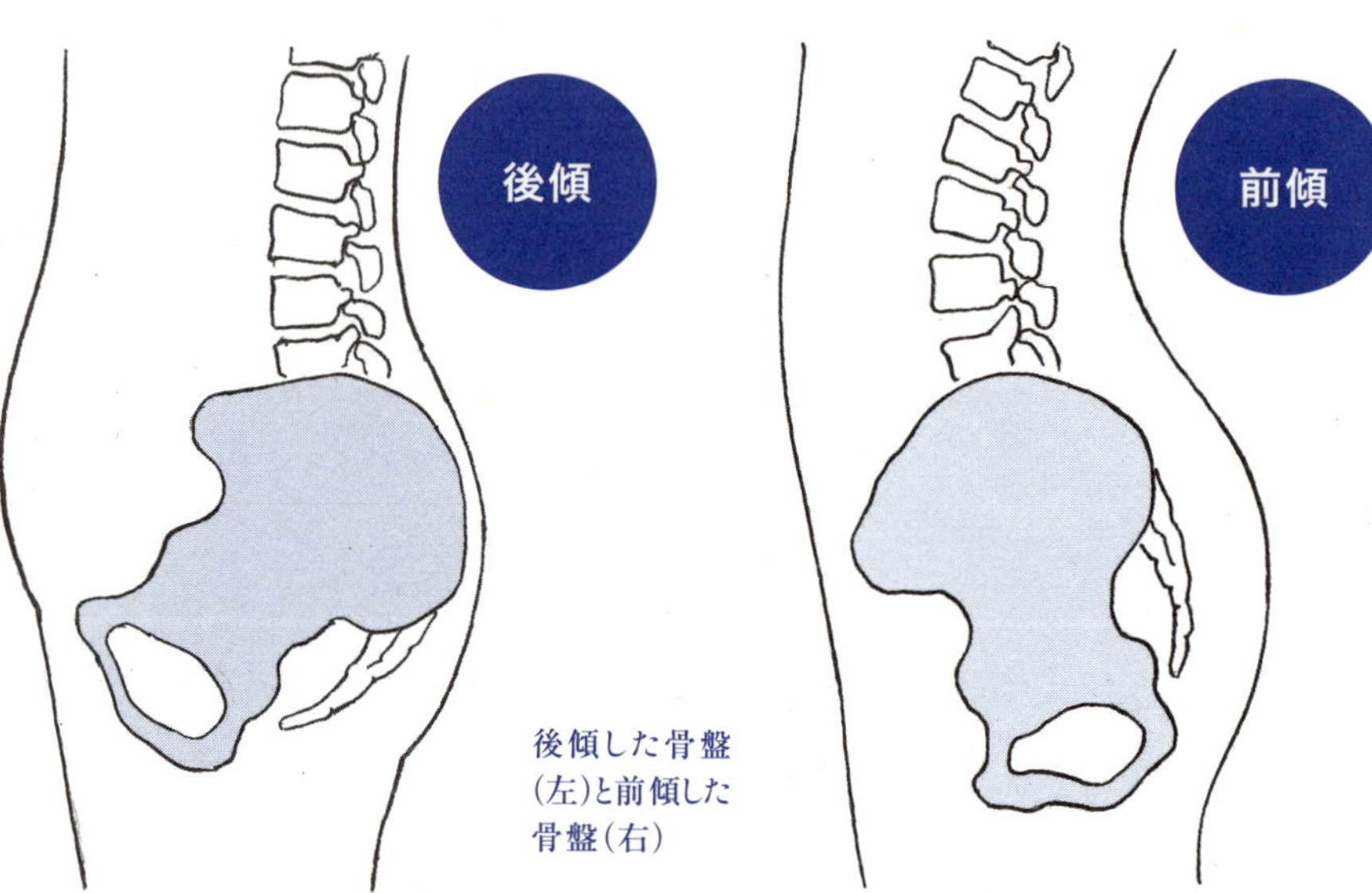

後傾した骨盤（左）と前傾した骨盤（右）

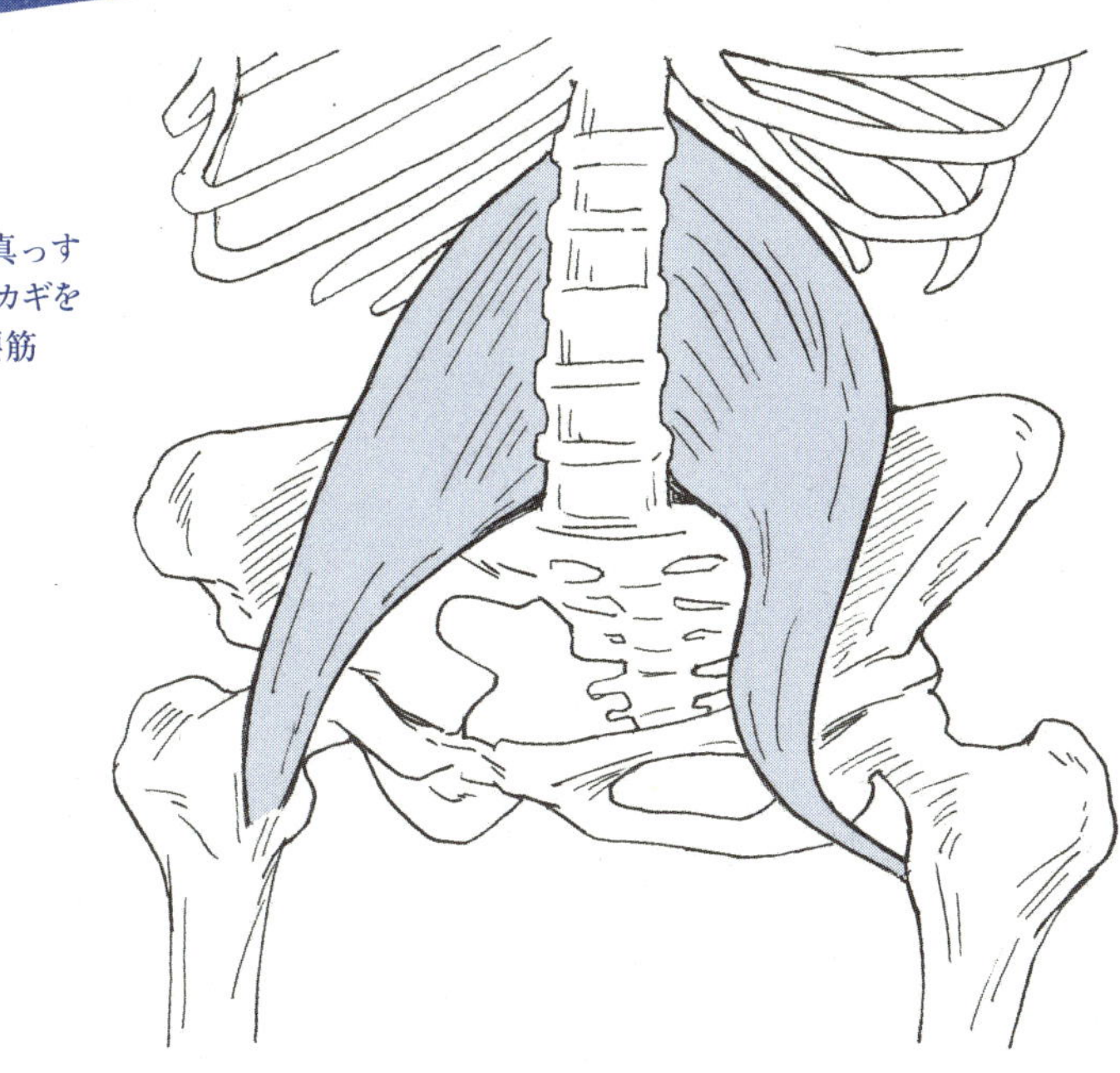

骨盤が真っすぐに立つカギを握る大腰筋

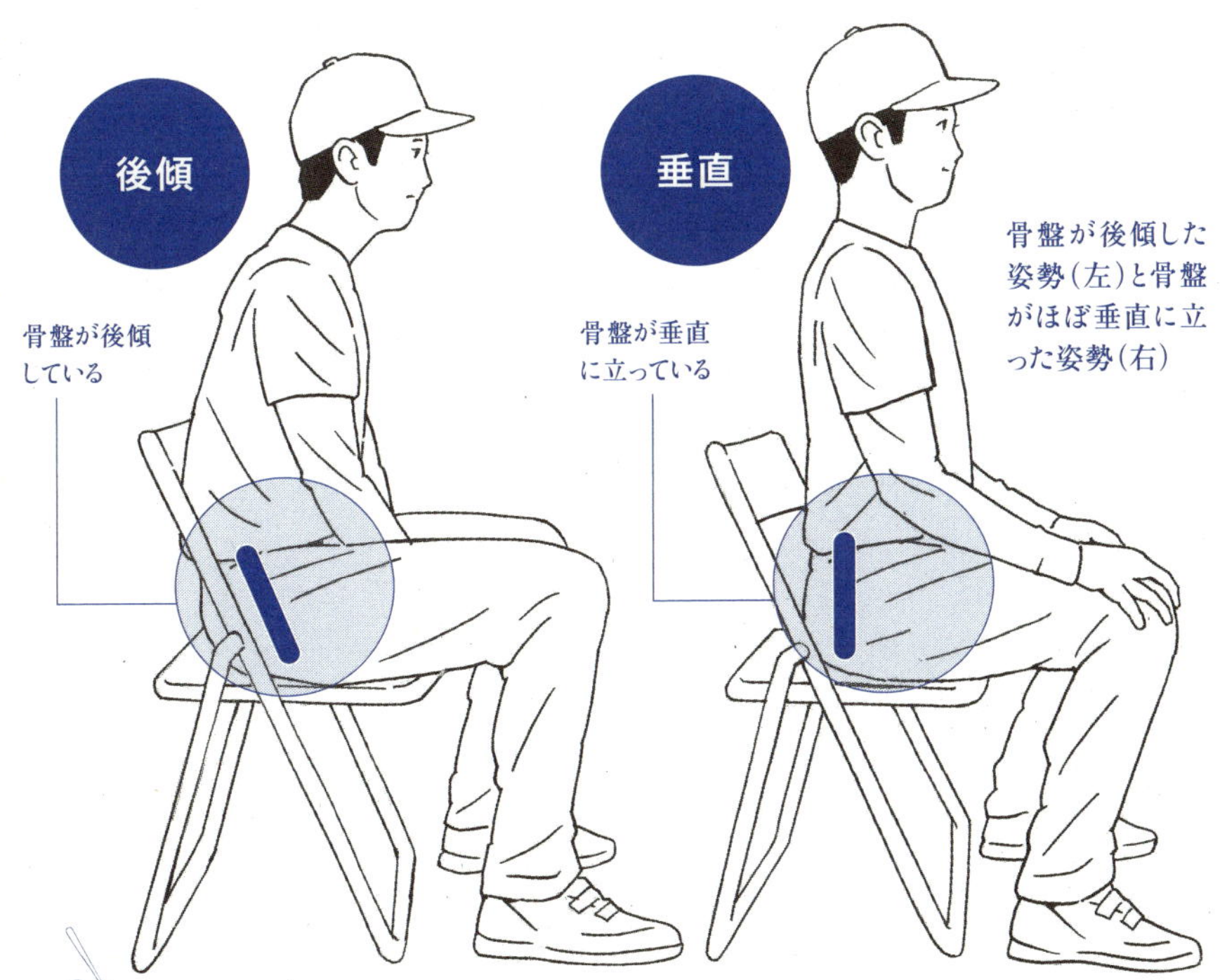

骨盤が後傾した姿勢（左）と骨盤がほぼ垂直に立った姿勢（右）

大腰筋の大きさは身体能力の高さと比例する

大腰筋の大きさは、姿勢に関連して足の速さにも大きく影響します。

陸上競技の短距離走では、黒人選手が圧倒的な強さを発揮しています。それもそのはず、黒人の大腰筋は白人の約3倍もあるのです。その分、骨盤がしっかりと立ち、股関節をダイナミックに動かせるので、速く走れるわけです。

それでは、黒人以外は永遠に足が速くなれないのかというと、そんなことはありません。トレーニングによって、後天的に大腰筋の横断面積を大きくするほど、100メートル

トップスプリンターの大腰筋横断面積と疾走速度の関係

（衣笠筑波大大学院ほか）

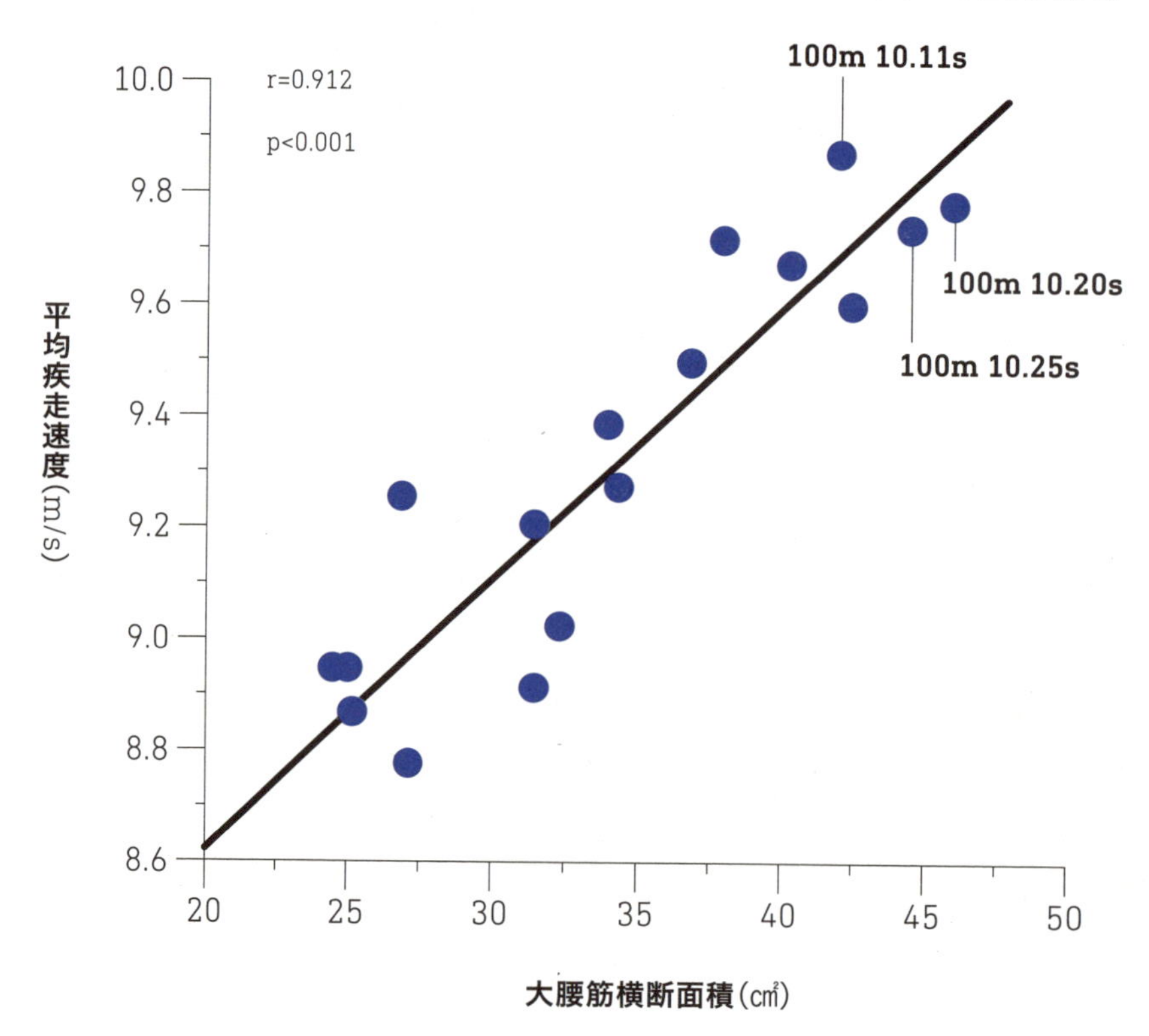

走のタイムが上がることが最新の研究で判明しているのです（右ページの図を参照）。

大谷選手が50－50（50本塁打・50盗塁）を達成できた要因に、大腰筋が一役買っているのは間違いないでしょう。

ところで、米国の4大スポーツといえば、アメリカンフットボール、野球、バスケットボール、アイスホッケーです。このうちアイスホッケーを除く3種目では、黒人選手が圧倒的な活躍を見せています。このことから、大腰筋の大きさは、足の速さだけではなく、姿勢のよさや身体能力全般に大きく影響することが見て取れます。

進化の要因❷

肩甲骨の運動性と安定性の向上

肩甲骨は、背中の上部に左右一対ある逆三角形の大きな骨です（下のイラストを参照）。

この肩甲骨の運動性が上がると、上半身のなめらかな動きが可能になります。

また、肩甲骨は前後にも上下にも動くため、下から伝わってきた運動連鎖によるエネルギーを、さらに大きくして肩から腕に伝えます。

大谷選手は幼少期に水泳やバドミントンを習っていたこともあり、もともと肩甲骨の可動域の広さには定評がありました。そこへ、地道なストレッチなどを継続した結果、さらに運動性が向上したのでしょう。

この肩甲骨の可動域の広さは、打撃における「割り」をつくるうえでも重要です。

トップ（スイングを開始する位置）をつくるときには、腕を捕手方向に引っぱり、踏み出す足は投手方向に出します。この上半身と下半身が反対方向への動きをした状態を「割り」といいます。

割りをつくると、バットを振るスペースを確保することができ、また前に突っ込むこと

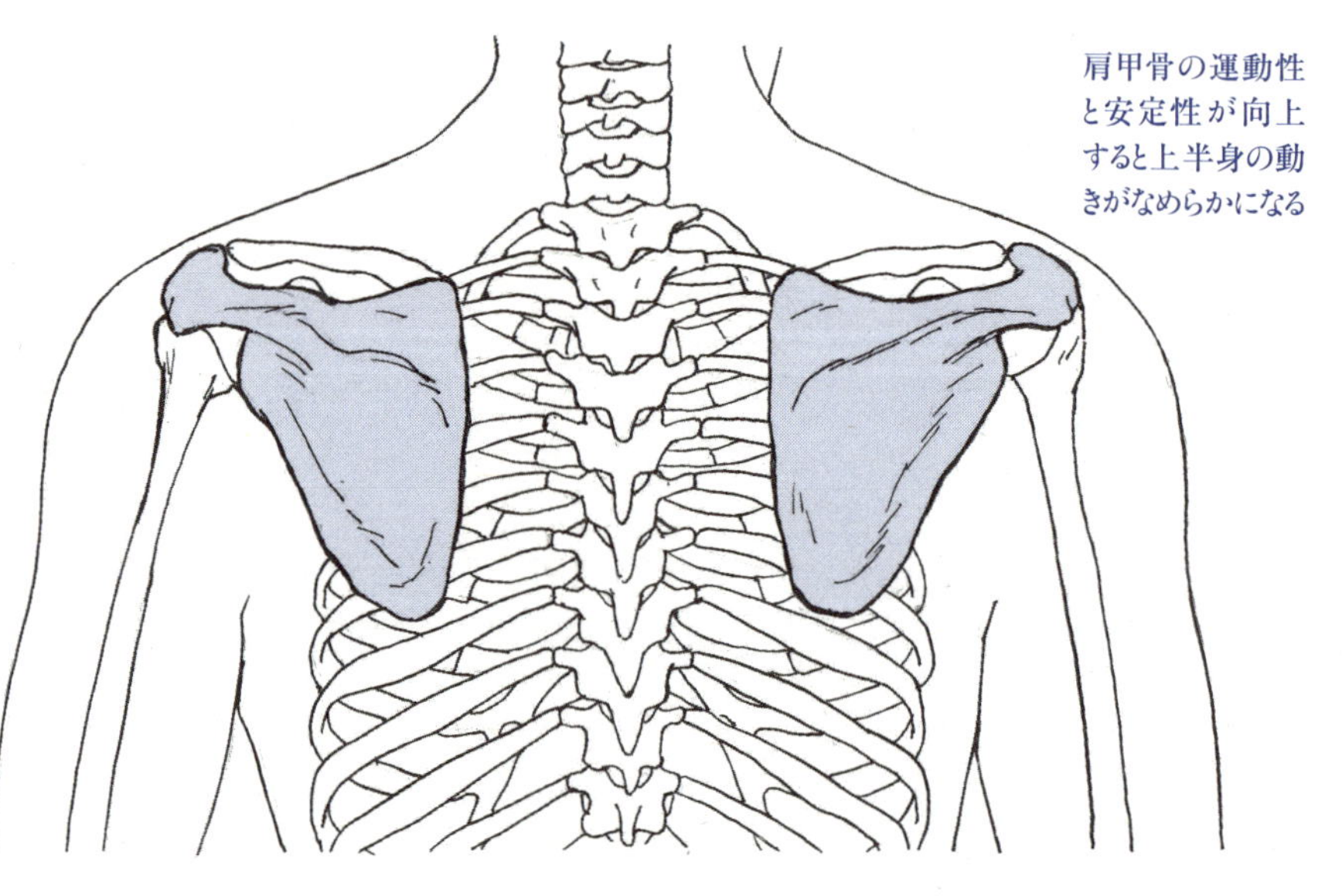

肩甲骨の運動性と安定性が向上すると上半身の動きがなめらかになる

もなくなるため、打撃に奥行きを持たせられるようになります。

18〜19ページのイラストをご覧ください。かまえたときは右の肩甲骨がフラットな状態になっています。ここからバックスイングをしたときに、右の肩甲骨が前に出て、みごとな割りをつくっています。打ち終わりでも、左の肩甲骨が大きく前に出ているため、単純に肩が回るだけではなく、運動連鎖が広がるのです。

驚異的な広さを誇る大谷選手の肩甲骨の可動域

肩甲骨がここまで動いている

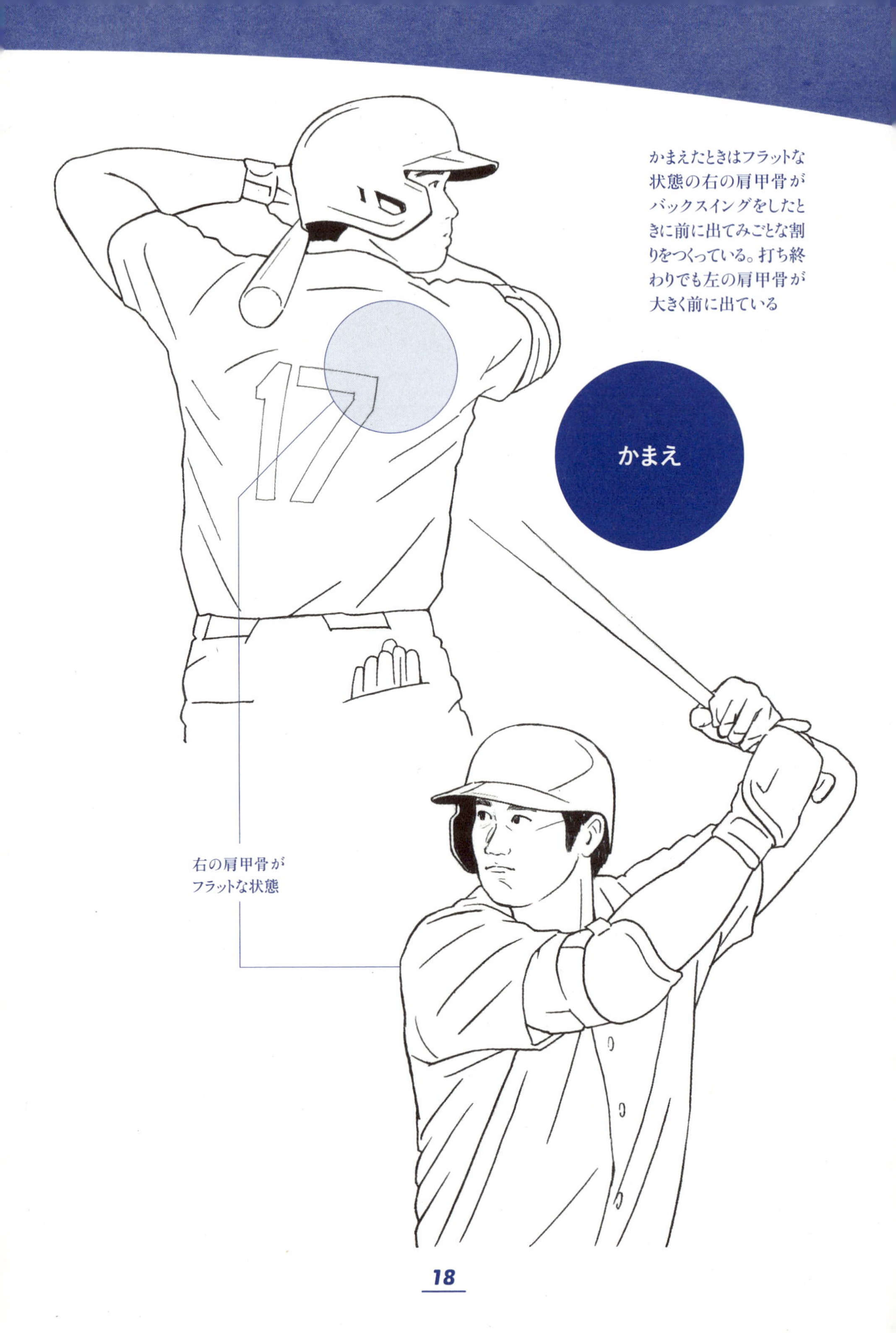

かまえたときはフラットな状態の右の肩甲骨がバックスイングをしたときに前に出てみごとな割りをつくっている。打ち終わりでも左の肩甲骨が大きく前に出ている

右の肩甲骨が
前に出ている

バックスイング

大きな割り

打ち終わり

左の肩甲骨が
前に出ている

進化の要因❸ 筋肉量の増加

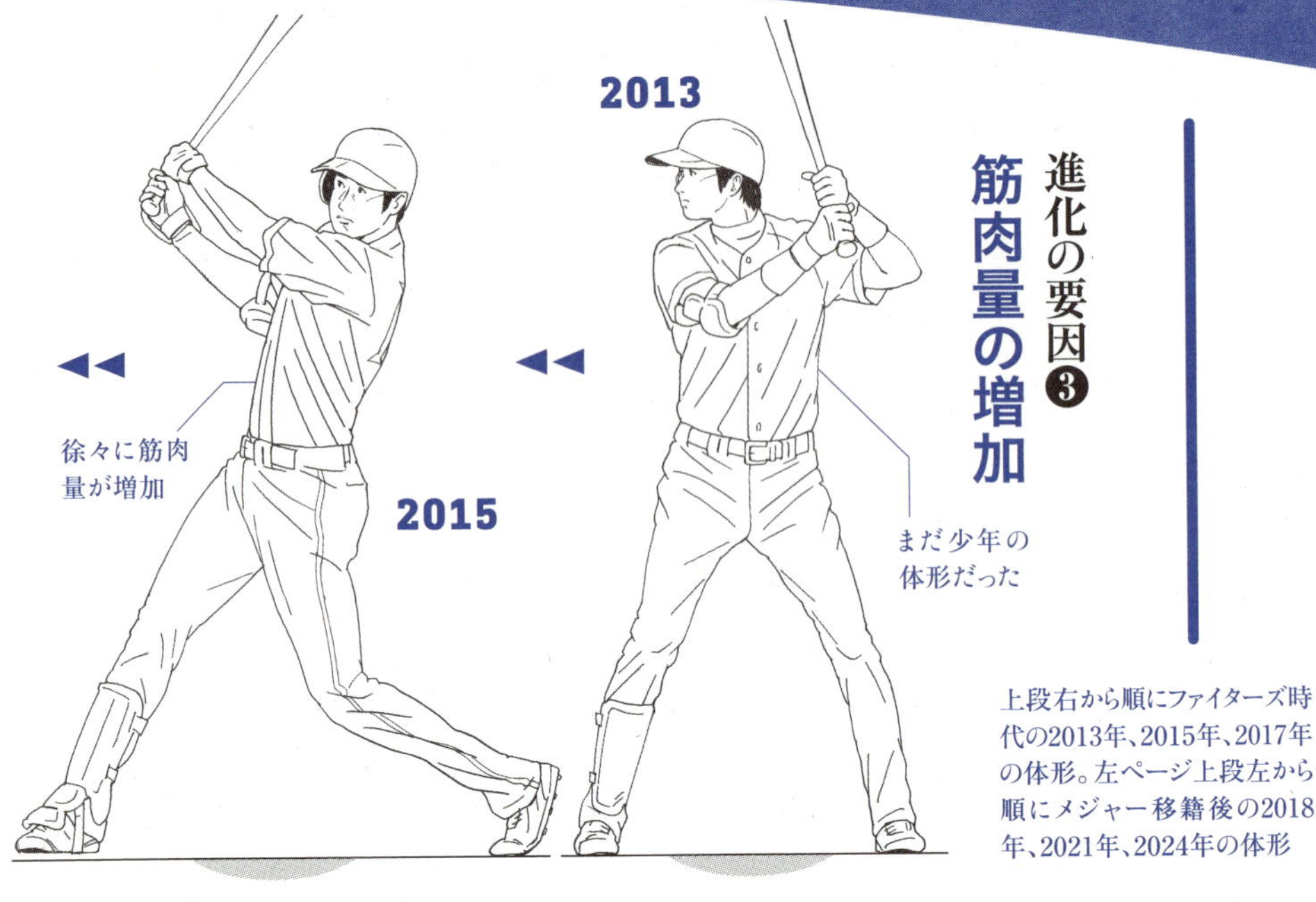

上段右から順にファイターズ時代の2013年、2015年、2017年の体形。左ページ上段左から順にメジャー移籍後の2018年、2021年、2024年の体形

いまや、野球にウエイトトレーニングは不可欠なものになっています。

上から左ページにかけてのイラストは、2013年、北海道日本ハムファイターズ入団当時から2024年までの大谷選手の体形の変化を示したものです。

ファイターズ入団当時は、まだ少年の体形でしたが、それから2017年までの4年間で、それなりに体ができているのがわかります。

2018年にメジャ

除脂肪体重とスイング速度

(Baseball Geeksより改変して引用)
(『科学に基づくフライボール打法』立花龍司著、ベースボール・マガジン社より改変して引用)

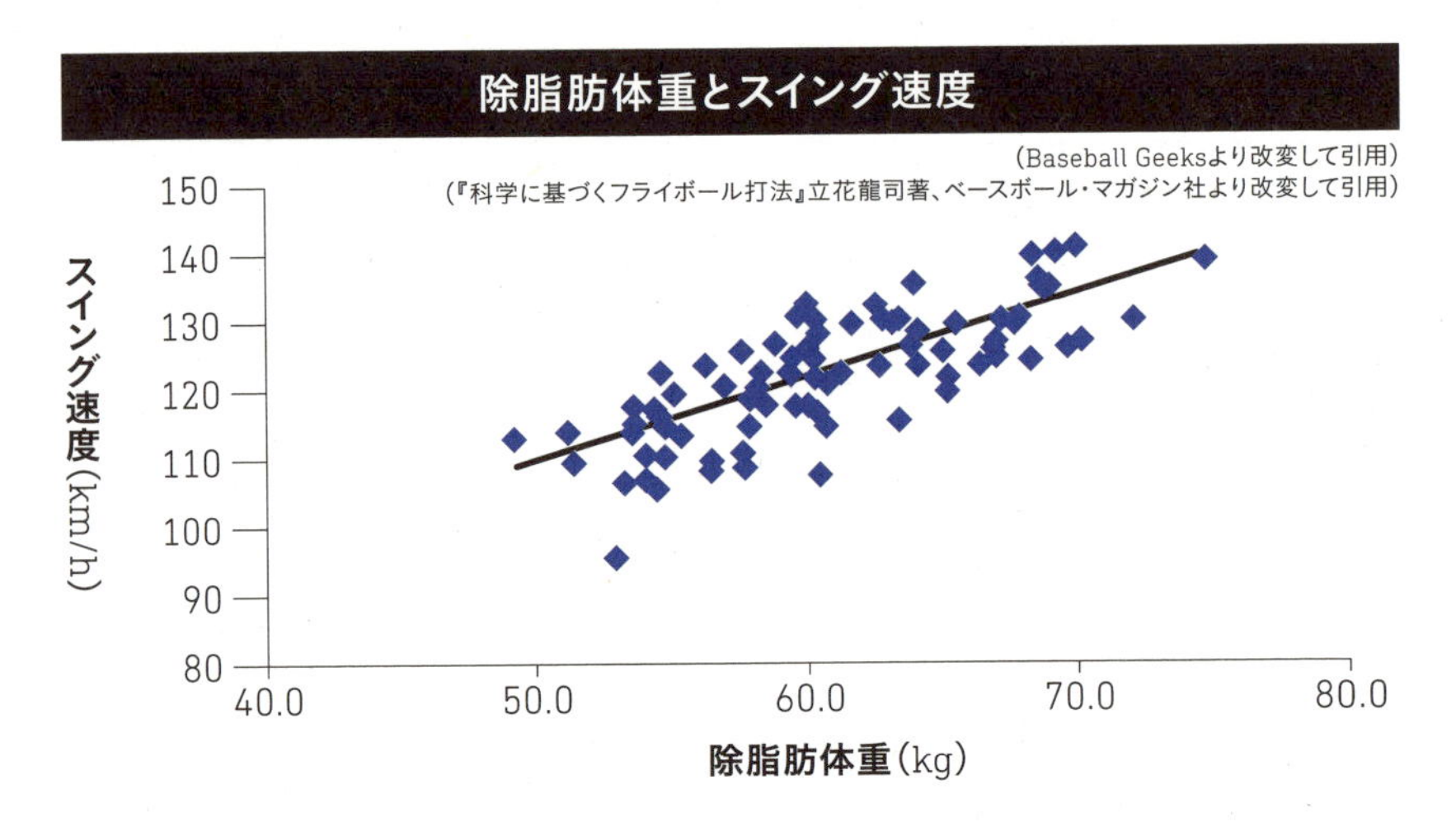

ーに移籍してから2020年までの3年間で、体は徐々に大きくなり、2021年以降、急激に筋肉量が増加しました。その理由については次項で解説します。

最近のインタビュー記事によると、身長193センチで、体重は110～115キロとのことです。

筋肉量がふえればスイング速度が上がることは、さまざまな研究で明らかになっています（右の図を参照）。

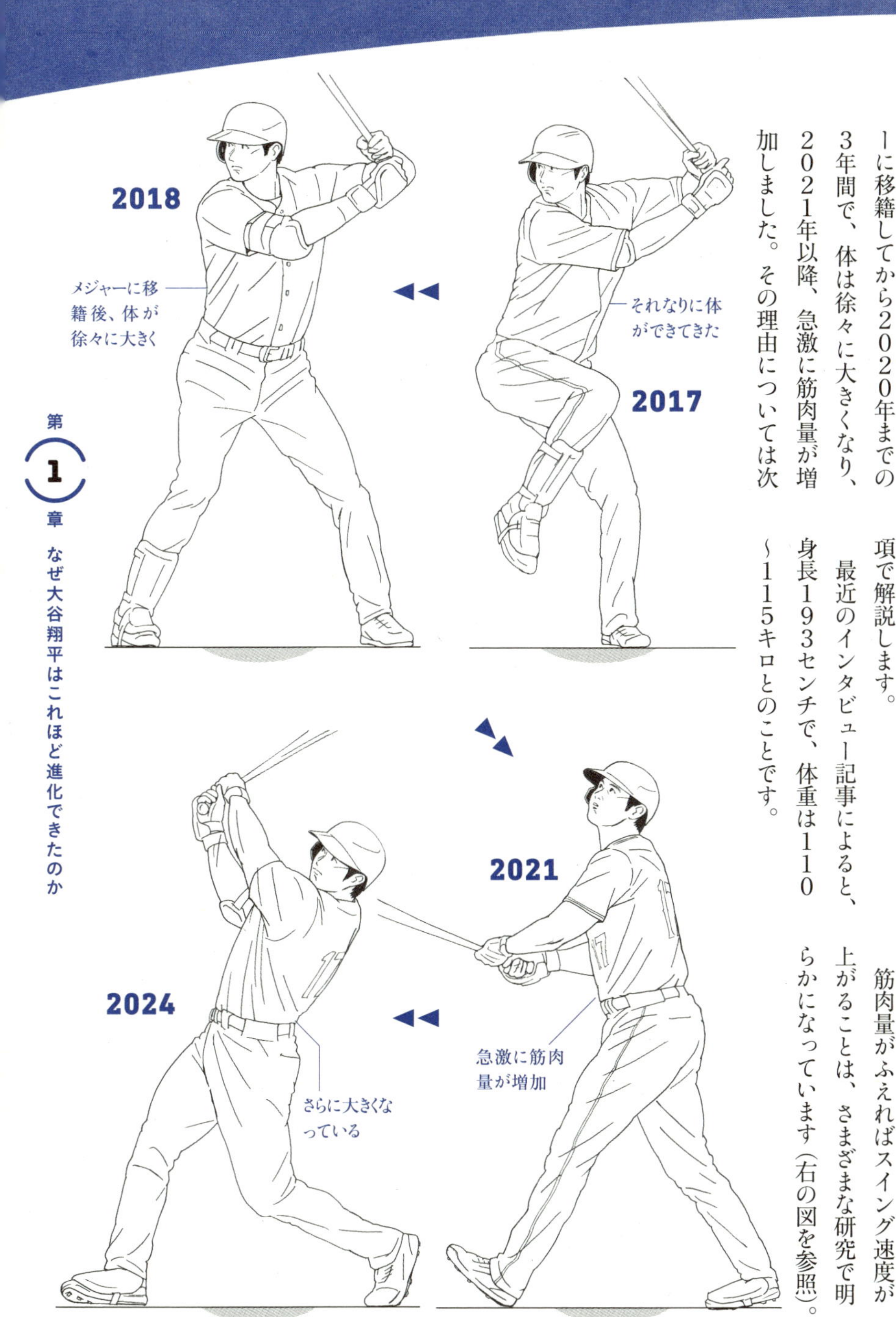

二度の手術が筋肉量の増加に幸いした

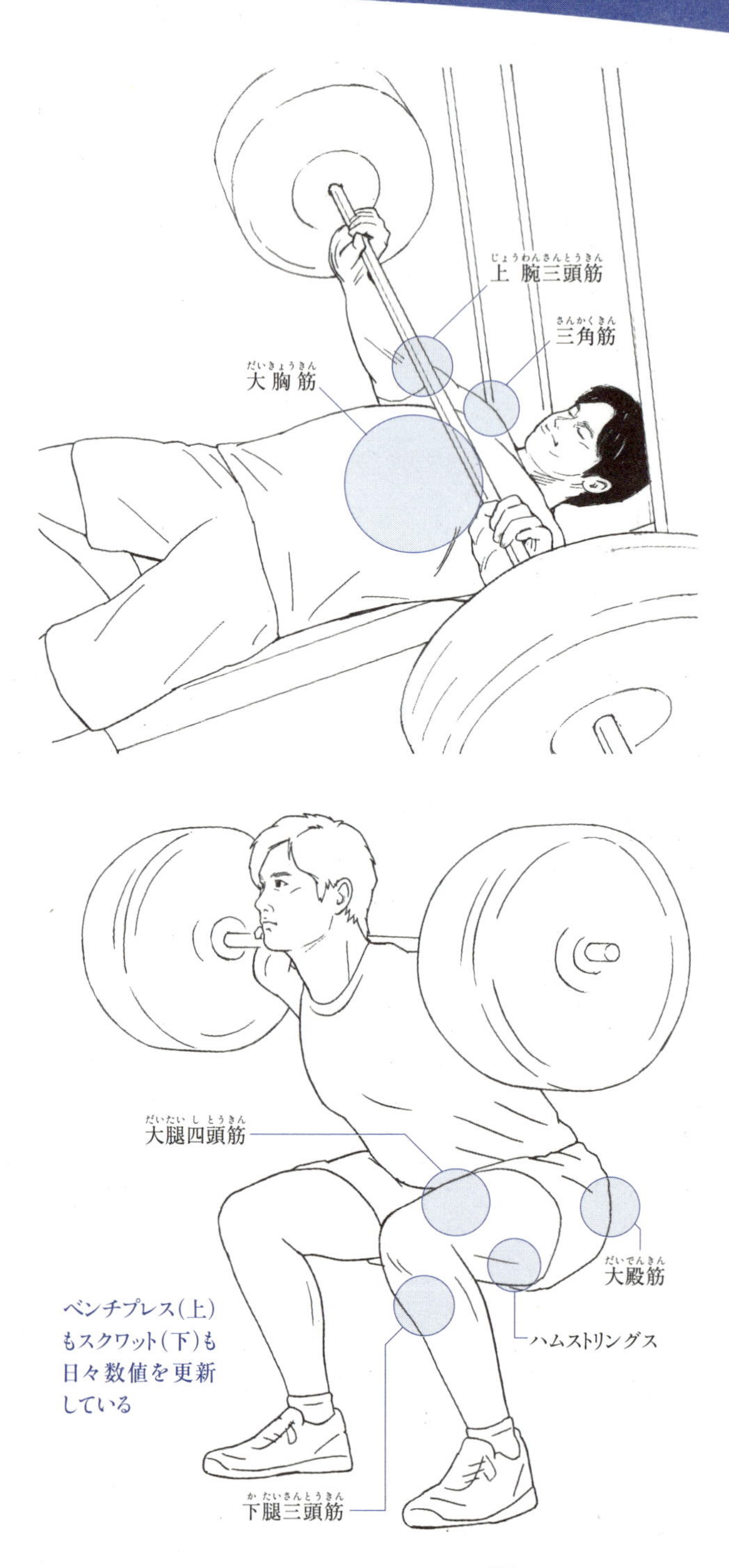

ベンチプレス(上)もスクワット(下)も日々数値を更新している

大谷選手は２０１８年10月に右ひじの内側側副靭帯再建術、通称トミー・ジョン手術を受けました。

そして、７ヵ月後の２０１９年５月にＤＨ（指名打者）として復帰を果たしました。

復帰後は順調に打ち続けてはいたものの、私は体重を後ろに残せていないことが気になっていました。すると、左二分性裂膝蓋骨（ひざのお

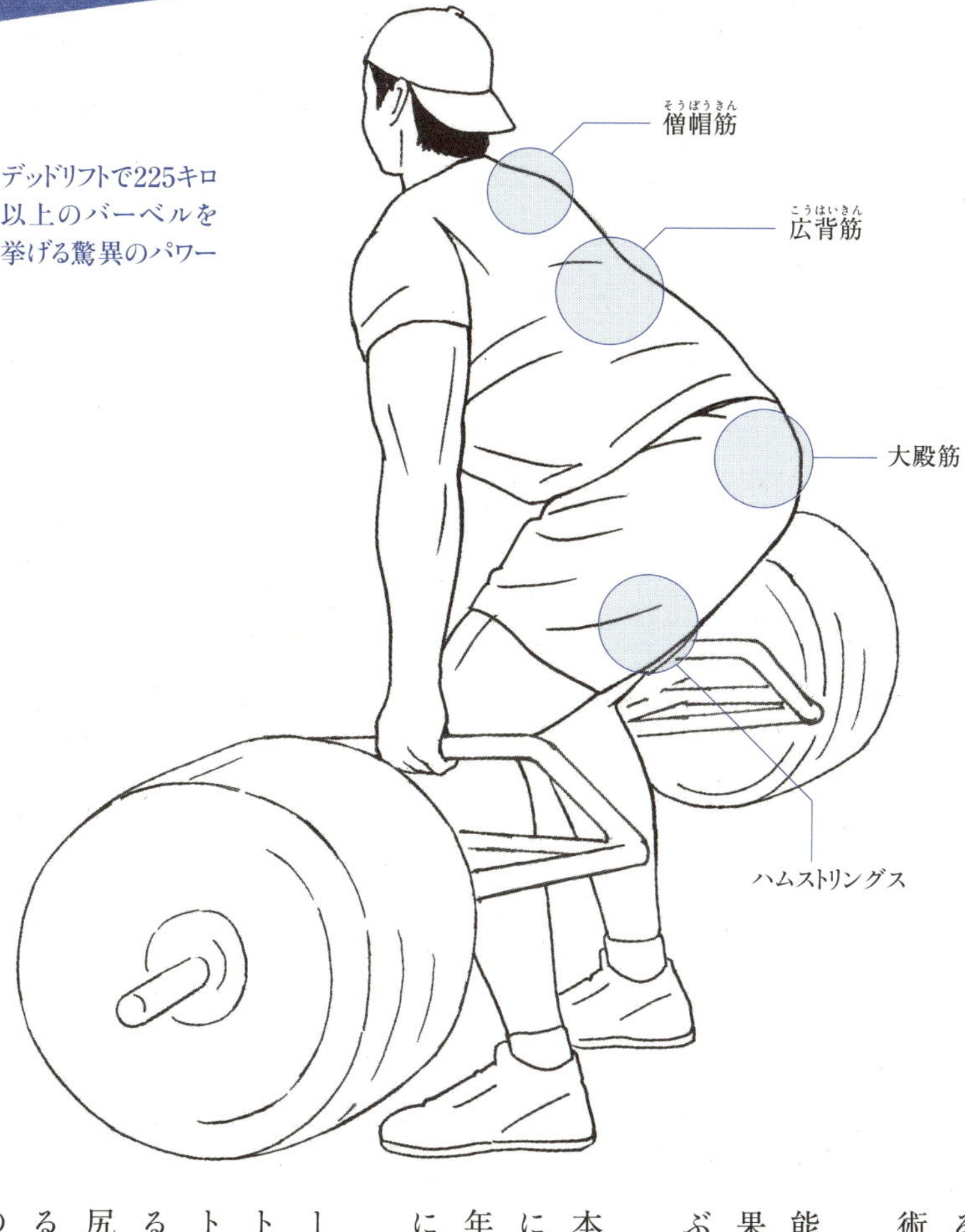

デッドリフトで225キロ以上のバーベルを挙げる驚異のパワー

皿が二つ以上に分かれた状態）であることが判明し、その年の9月に手術を受け、再びリタイアしました。

そこで、リハビリテーション（機能回復訓練）をしっかりと行った結果、2020年7月26日に693日ぶりの登板を果たしました。

そして、この試合復帰をさかいに本格的なトレーニングができるようになりました。そのため、2020年から2021年にかけて、飛躍的に筋肉量がふえたのです。

現在、大谷選手は、ウエイトトレーニングの一つである「デッドリフト」で225キロ以上のバーベルを、トレーニングベルトなしで挙げているそうです。デッドリフトは背中、お尻、太ももの裏側を鍛える効果があるので、パワーポジションがとれるのもうなずける話です。

この項目に関連したエクササイズの動画を視聴できます。

進化の要因❹
水平回転メインから垂直回転メインへの転換

大谷選手の進化の要因の最後は、バッティングフォームの転換です。バッティングにおける主運動を水平回転から垂直運動に変えたのです。

水平回転をメリーゴーラウンドの動き、垂直回転を観覧車の動きと考えるとイメージしやすいでしょう。

バッティングにおいては、水平回転も垂直回転も必要なものです。つまり、二者択一ではなく、両者の割合が重要で、大谷選手は垂直回転をメインにしたというわけです。

バッティングにおける垂直回転のメカニズムについては、第2章と第

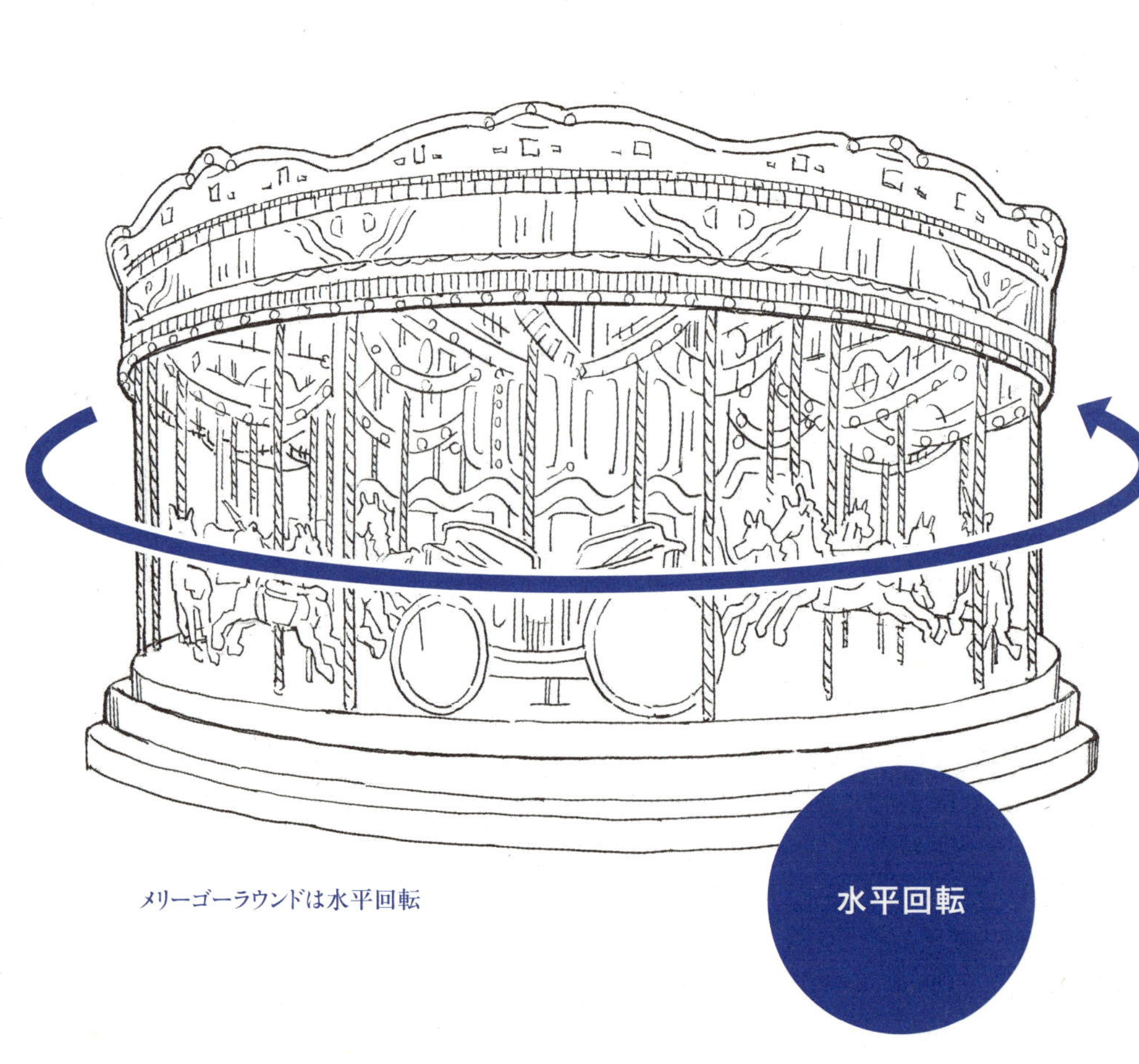

メリーゴーラウンドは水平回転

3章でくわしく解説します。

ここでは、「大谷選手は水平回転メインから垂直回転メインへ転換したことで、結果的に正しいアッパースイングになるとともに、スイングの振り幅も飛躍的に大きくなった」とだけ覚えておいてください。

垂直回転

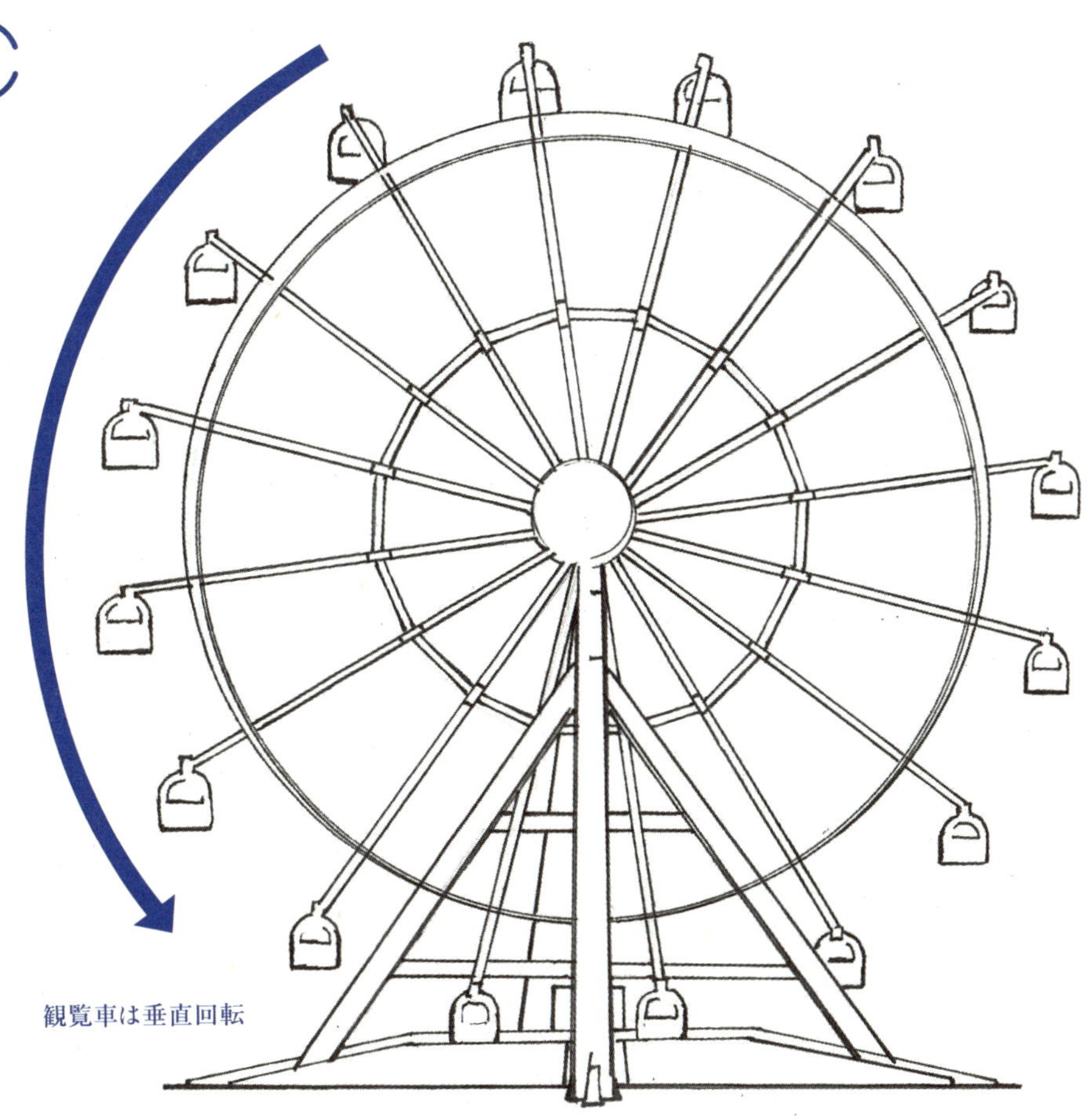

観覧車は垂直回転

Column 1

低反発バットとホームラン

2024年の春から、日本では高校野球に低反発の金属バット、いわゆる「飛ばないバット」が本格的に導入されました。

導入の背景には、投手の健康と安全面の保護が第一にあげられます。これまでの反発性の高いバットでは、芯から多少はずれてミートをしても打球がよく飛ぶため「打高投低」になりがちで、投手の肩やひじに負担がかかりがちでした。また、鋭い打球が投手を直撃し、ケガを負うケースも見られました。

低反発バットの場合、ミートしても、飛距離は5～10メートルは落ちるといわれます。実際、低反発バットが初めて使われた同年の夏の甲子園大会では、ホームラン数が合計で7本と2023年の23本を大幅に下回りました。

こうした影響から、高校球界では、バントやチームバッティングを駆使した「スモールベースボール」に移行するチームがふえているといわれています。また、バッティング自体も、より確実にミートできる打ち方に変わりつつあります。

私は、より確実にミートできるように工夫するのは決して悪いことではないと思います。ただし、その方法論をすべての選手に当てはめることによって、将来をつぶされてしまう高校球児がふえることを危惧しています。
「わきを締めてボールに対して最短距離でバットを振る」「ボールを上からたたいてゴロをころがせばヒットの確率が上がる」……従来の理論の「常識のウソ」については、第3章でくわしく解説します。

第2章 大谷翔平のバッティングを解剖する

ファイターズ時代とのバッティングフォームを比較

本章では、現在の大谷翔平選手のバッティングの内容をイラストで徹底解剖します。

まず、北海道日本ハムファイターズ時代のバッティングフォーム（上）と、2024年シーズンにおけるロサンゼルス・ドジャースでのバッティングフォーム（下）を分解図で比較してみました。

いずれのバッティングフォームも実際の動画をイラストに起こしたものです。体格もさることながら、バッティングフォームも明らかに違っているのがわかります。

具体的に、どの部分がどう変わっているのかは、次項からくわしく解説します。

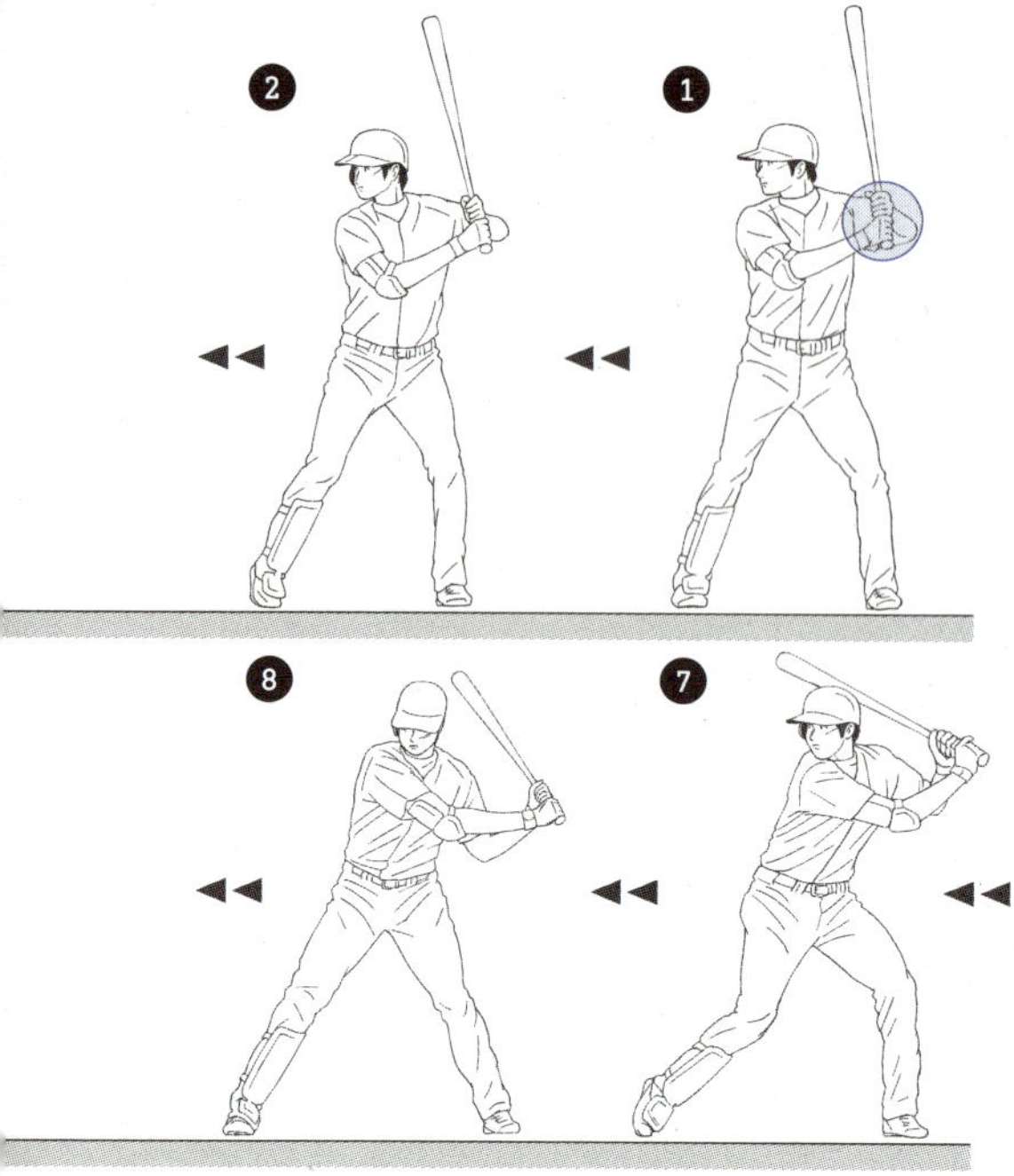

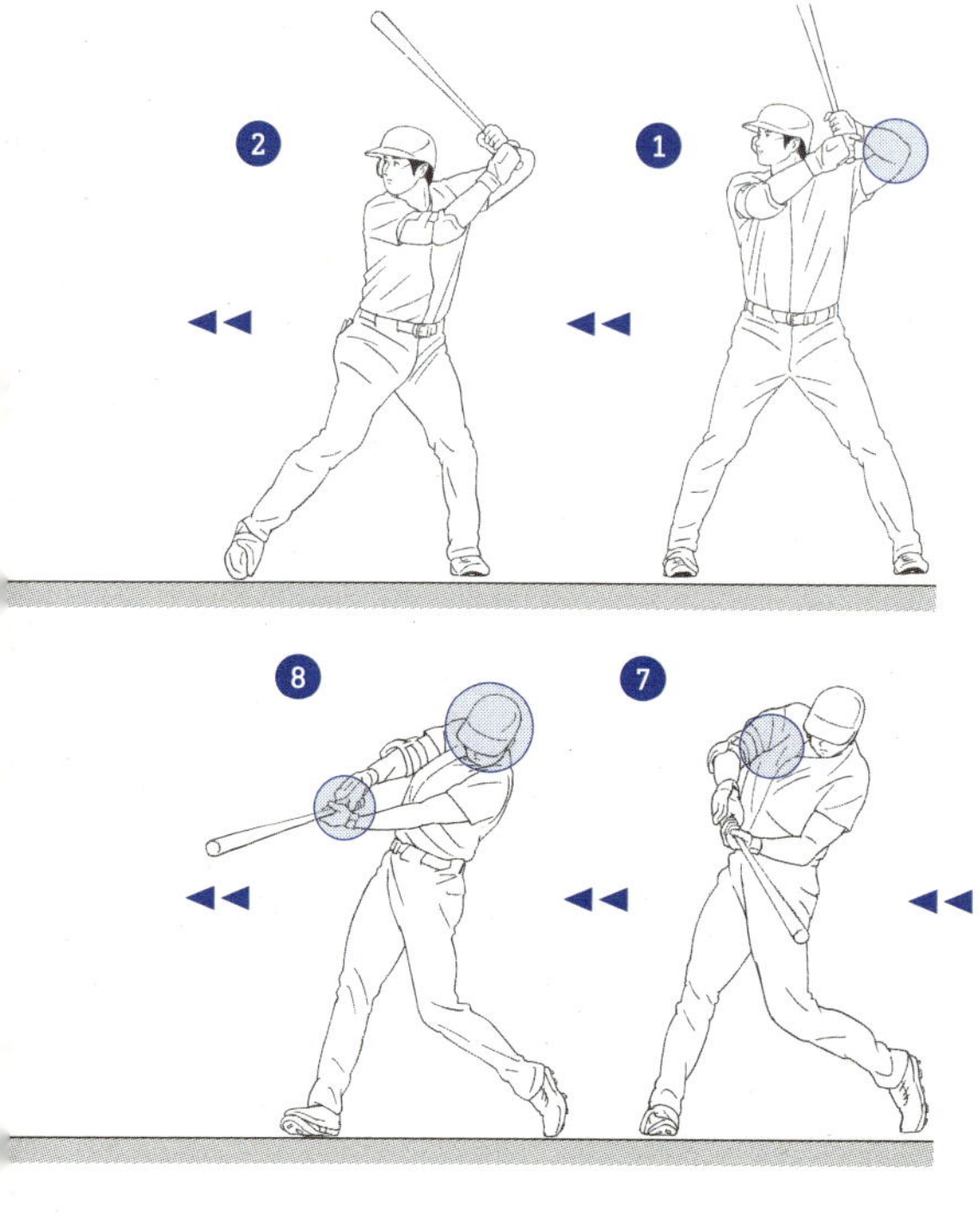

❷ ❶ ❽ ❼

❷ ❶ ❽ ❼

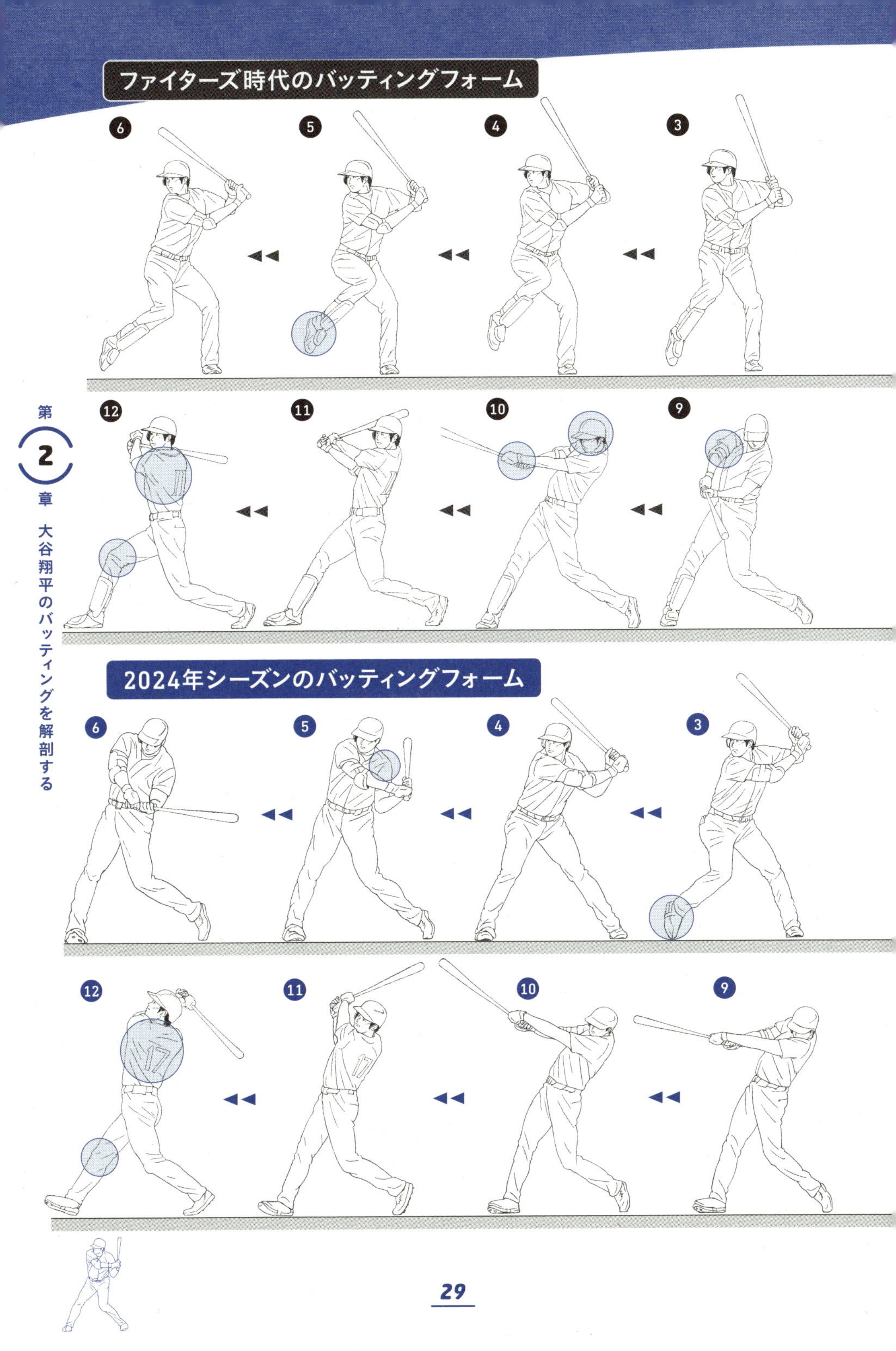
ファイターズ時代のバッティングフォーム
6
5
4
3
12
11
10
9
2024年シーズンのバッティングフォーム
6
5
4
3
12
11
10
9

大谷選手がメジャーで進化し続けたバッティングのポイント15

大谷選手がメジャーに移籍してから進化し続けたバッティングのポイントを、私は以下の15項目と分析しています。

❶打席に入る前のハーフスイング（インサイドアウトの確認）
❷軸足の位置の確認（打席の位置を毎回同じにする）
❸かまえの準備（ショルダーパッキングをしやすく）
❹パワーポジションでのかまえ（最も力の出やすいかまえで）
❺フライングエルボー1（左ひじを高く上げる）
❻トウタップ（右つま先をチョン）
❼ヒップファースト（右のかかととお尻を投手に向ける）**&体重移動**
❽ドロップヒール&エルボーイン（右のかかとと左のひじを勢いよく落とす）
❾フライングエルボー2（厳しいインコース攻め対策）
❿ビハインドボール（ボールを後ろから見る）
⓫ネックリフレックス（首の反射を使う）
⓬ブレイシングメソッド（口プウ呼吸法）
⓭ディレイトプロネーション（左手首の返しを遅らせて左腕を押し込む）
⓮トウレイズ（右のつま先を上げてかかとで回る）
⓯ハイフィニッシュ（ゴルフのドライバーのようなフィニッシュ）

この15項目について、次項から一つひとつ解説していきましょう。

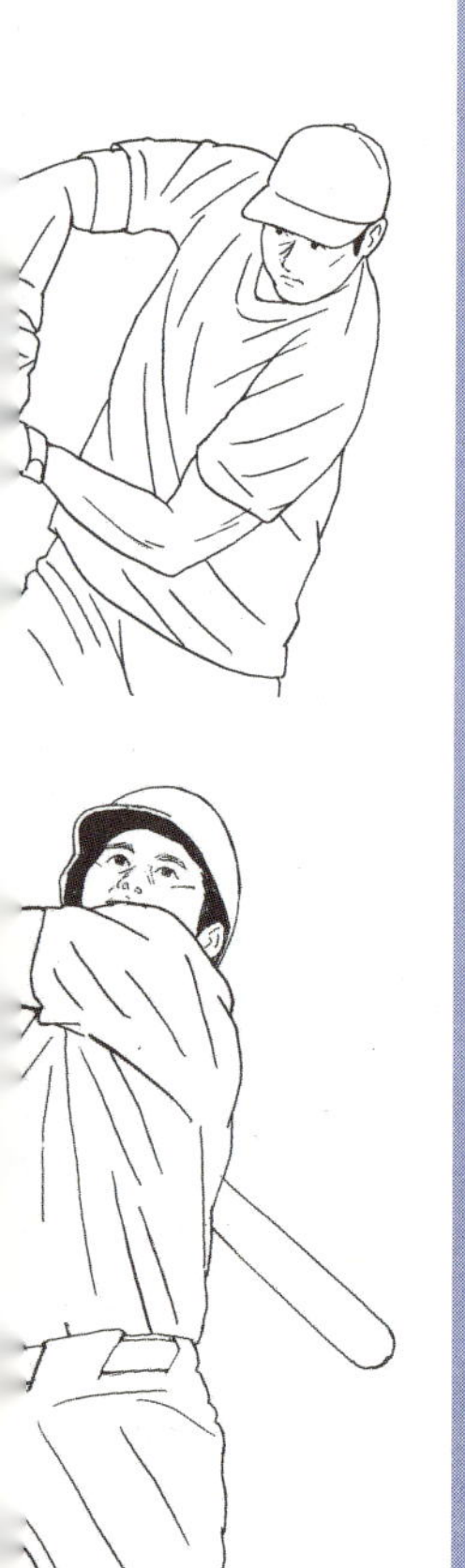

大谷選手がメジャーで変えたバッティングのポイント15

1. **打席に入る前のハーフスイング**（インサイドアウトの確認）
2. **軸足の位置の確認**（打席の位置を毎回同じにする）
3. **かまえの準備**（ショルダーパッキングをしやすく）
4. **パワーポジションでのかまえ**（最も力の出やすいかまえで）
5. **フライングエルボー1**（左ひじを高く上げる）
6. **トウタップ**（右つま先をチョン）
7. **ヒップファースト**（右のかかととお尻を投手に向ける）**&体重移動**
8. **ドロップヒール&エルボーイン**（右のかかとと左のひじを勢いよく落とす）
9. **フライングエルボー2**（厳しいインコース攻め対策）
10. **ビハインドボール**（ボールを後ろから見る）
11. **ネックリフレックス**（首の反射を使う）
12. **ブレイシングメソッド**（ロプウ呼吸法）
13. **ディレイトプロネーション**（左手首の返しを遅らせて左腕を押し込む）
14. **トウレイズ**（右のつま先を上げてかかとで回る）
15. **ハイフィニッシュ**（ゴルフのドライバーのようなフィニッシュ）

ポイント❶
打席に入る前のハーフスイング

2024年シーズンから、大谷選手は打席に入る前のルーティンとして、スイングの方法を変更しました。それまでは普通にスイングしていたものをハーフスイングに変えたのです。

まず、バットを左肩にかつぎ、その状態から右足を軽く上げます。ちなみに、後述しますが、実際の打撃では右足は上げずにすり足で対応しています。

そして、ハーフスイングでバットを止めたときに、右足のつま先を軽く上げます。

ドジャースのベイツ打撃コーチによると、これは左ひじの角度を固定し、わきを締めてバットを内側から出す「インサイドアウト」のイメージを確認するために行っているとのことです。

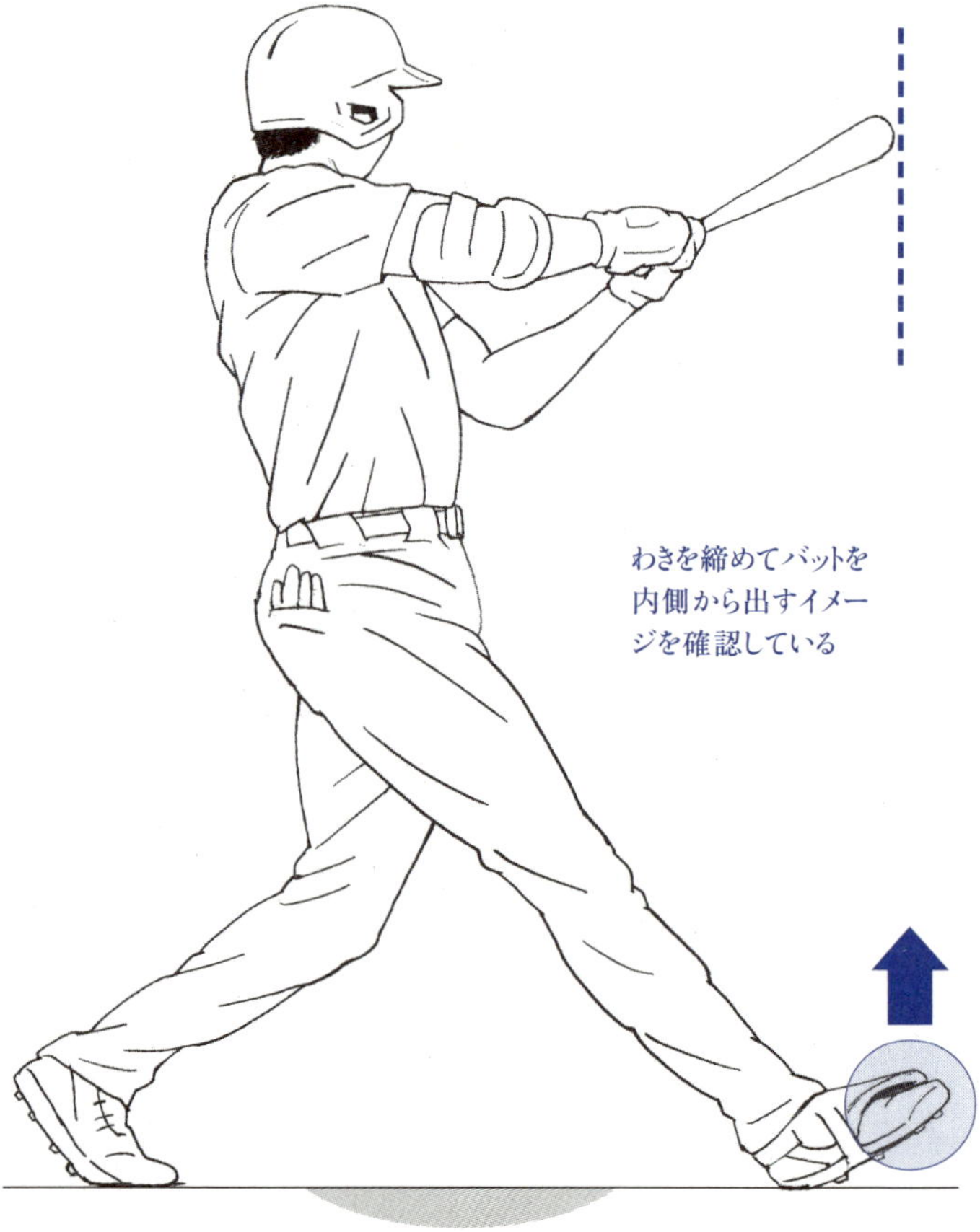

わきを締めてバットを内側から出すイメージを確認している

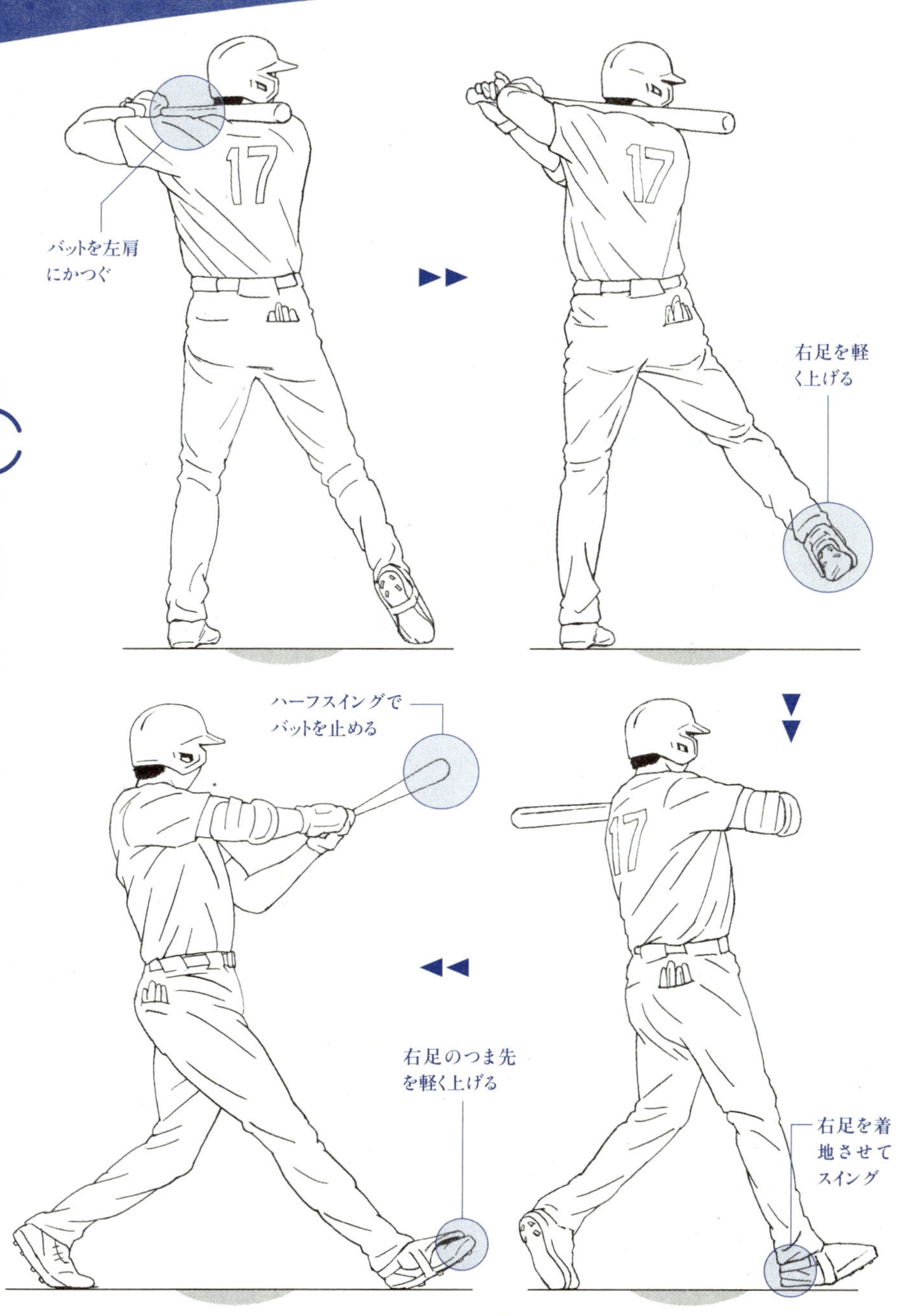

バットを左肩にかつぎ右足を軽く上げ、ハーフスイングでバットを止めたときに
右足のつま先を軽く上げる

ポイント❷
軸足の位置の確認

打席に入ったあとにもルーティンがあります。これは、2024年6月14日の対ロイヤルズ戦の2打席めからとり入れたルーティンで、軸足(左打ちの大谷選手の場合は左足)の位置を確認するのです。

その方法がユニークです。3塁線とホームベースの延長線上にバットのヘッドの先端を置き、グリップエンドの位置に軸足を置くようにしているのです。

このルーティンについて、大谷選手は「同じようにかまえて、同じ位置に立つというのがいちばん大事なことなので。球場によってバッターボックスのラインの太さが違うので、そのために多少ずれることのないよ

同じようにかまえて同じ位置に立つことがいちばん大事

うにしたい」と語っています。

また、「同じようにボールを見るのは、いちばん大事なこと。スイング開始前の段階がやっぱりいちばん大事」とも語っています。

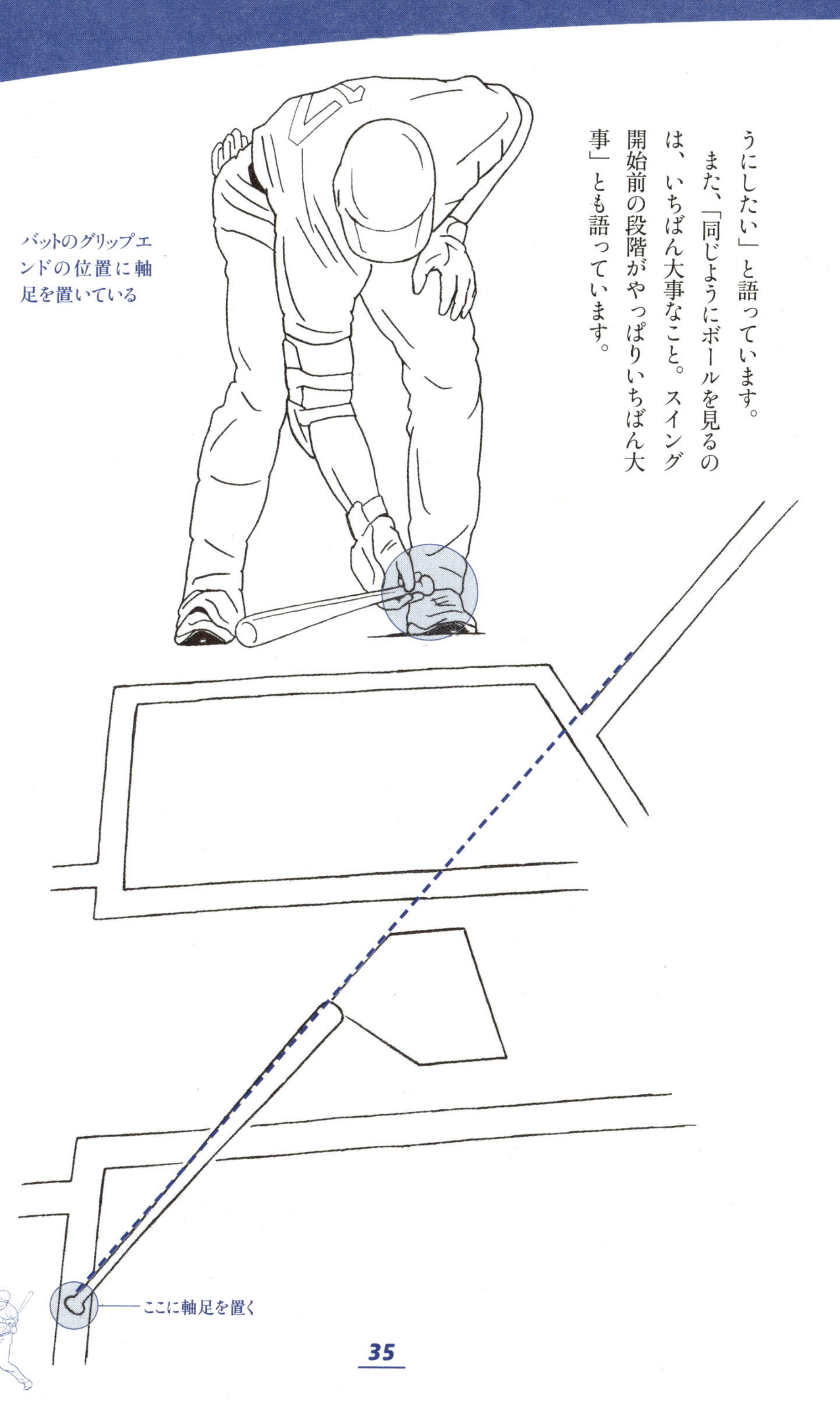

ポイント❸
かまえの準備

二つのルーティンが終わると、打席でかまえるための準備を行います。

ハーフスイングのときと同様に、左肩にバットを乗せますが、このときに左ひじを高く上げます。すると、その動きに準じて右ひじも自然と高く上がります。

このときに両ひじを下げた状態でバットを肩に乗せると、背中が丸まって、パワーポジション（くわしくは10ページを参照）をとるうえで重要となるショルダーパッキング（肩を適正な位置で安定させること）ができません。

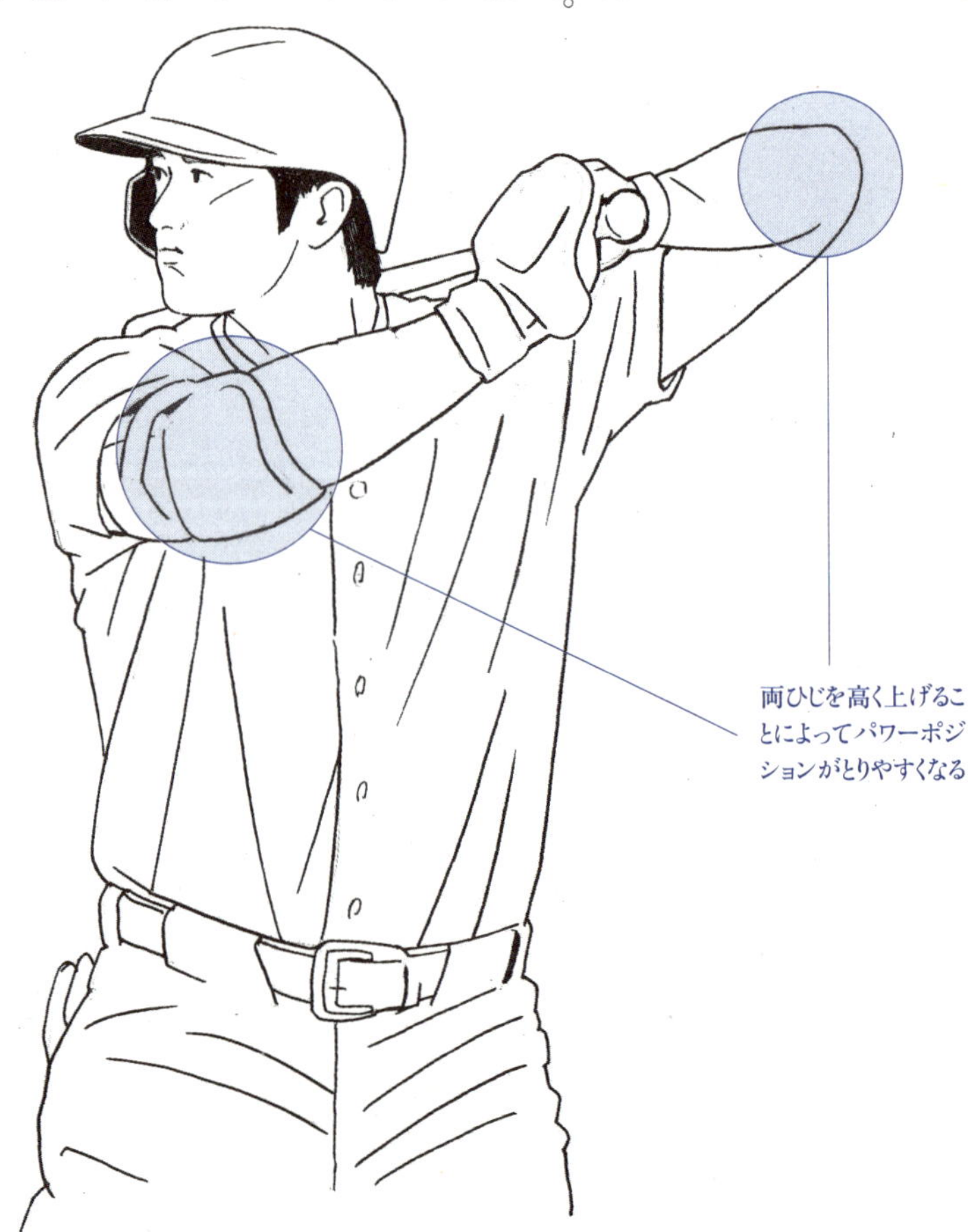

両ひじを高く上げることによってパワーポジションがとりやすくなる

よいかまえの準備
背すじが伸びている
両ひじを高く上げているためショルダーパッキングができる
悪いかまえの準備
背中が丸まっている
ひじを下げてかまえると背中が丸まりやすい
両ひじを下げているためショルダーパッキングができない

ポイント❹ パワーポジションでのかまえ

第1章でも述べたように、大谷選手が進化した第一の理由としてあげられるのが、常にパワーポジションをとっていることです。

パワーポジションとは、お尻を軽く突き出して胸を張った姿勢を指します（下のイラストを参照）。これにより、スイングのパワーが段違いにアップしたのです。

左ページの上のイラストの右側は、北海道日本ハムファイターズ時代の大谷選手のバッティングのかまえを正面から見たところです。

一方、左側のイラストはメジャー移籍後の同様のイラストです。

グリップの位置などは変わっているものの、いずれもパワーポジションをとれています。

決定的に変わったのは、ややガニ股になっている点です（左ページの下の左側のイラストを参照）。これは、最初から足の内側に力を入れていると始動時に体が開きやすくなるのに対し、ガニ股ぎみにかまえると始動時に一度内側に力を入れやすくなるためと考えられます。

大谷選手は「かまえさえ決まれば、投手が右か左かは関係ない」と述べています。

このかまえによりスイングのパワーがアップした

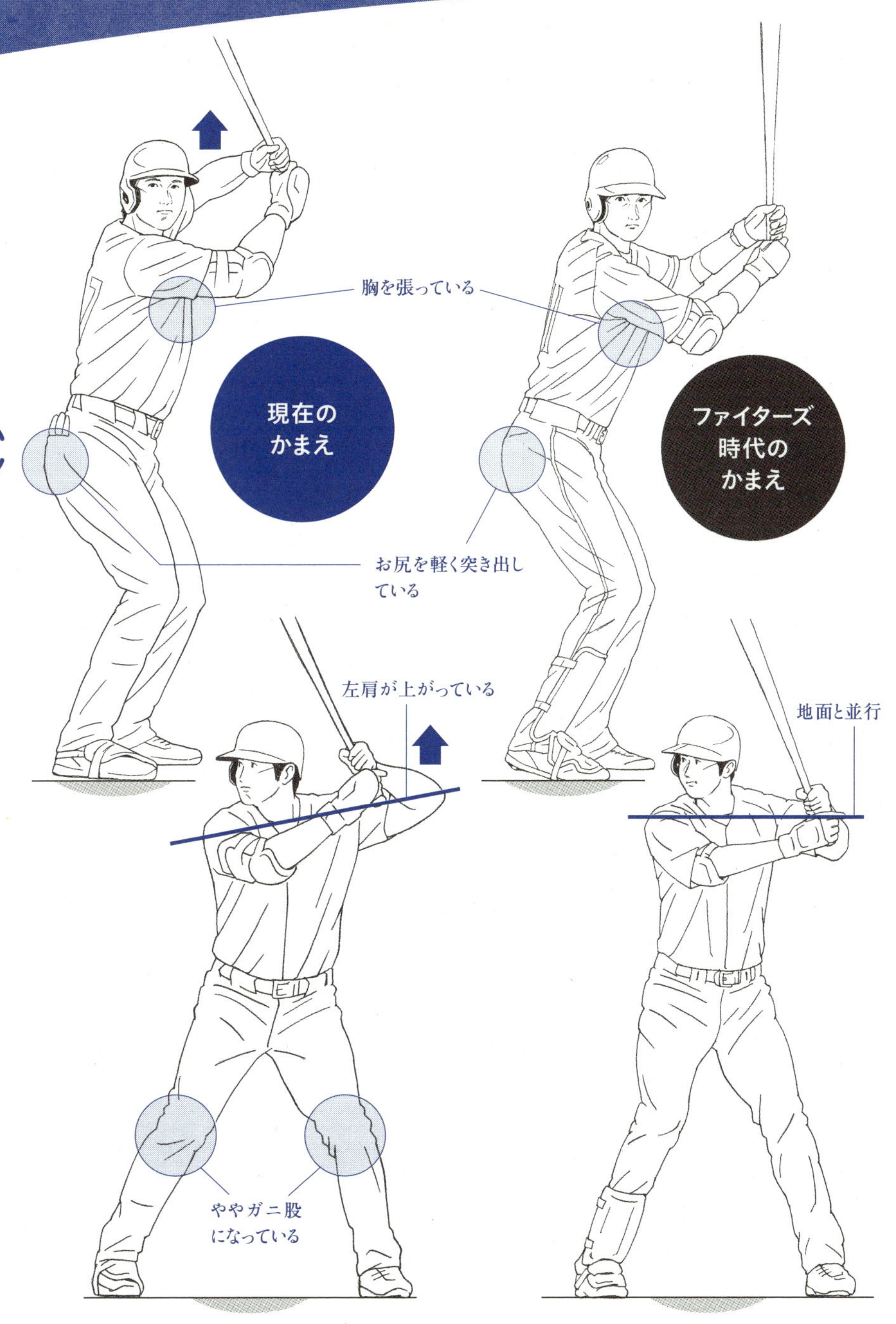

ファイターズ時代（右）と現在（左）のかまえの違い。現在はややガニ股にすることによって始動時に内側に力が入りやすくなっている

ポイント❺ フライングエルボー1

バットを握ったときに上にくる手をトップハンドといいます。大谷選手は左手がトップハンドです。このとき、大谷選手は垂直回転をする準備として左ひじを上げています。このかまえをフライングエルボーといいます。

左のフライングエルボーによって、右肩と右腰の距離が近づく一方で、左肩と左腰の距離は離れます。そのため、ここで左に側屈(そっくつ)（体を側方に曲げること）をする必要があります。つまり、左に側屈をするために、その反対の動きとして左のフライング

ファイターズ時代のフォーム（左）と現在のフォーム（右）

エルボーを実行しているのです。跳び上がるために、一度しゃがみ込むのと同じ理屈です。

右ページの左側のイラストは、ファイターズ時代のフォームを正面から見たところです。左ひじが下がって体から離れているのがわかります。

一方、右側の現在のフォームでは、左のフライングエルボーによって垂直回転をする準備をしているのが見て取れます。

また、横から見た状態のイラスト（下を参照）を見ると、ファイターズ時代と比べて、右肩と右腰との距離がまったく違います。この距離の違いこそが、水平回転の準備と垂直回転の準備の違いを表しています。

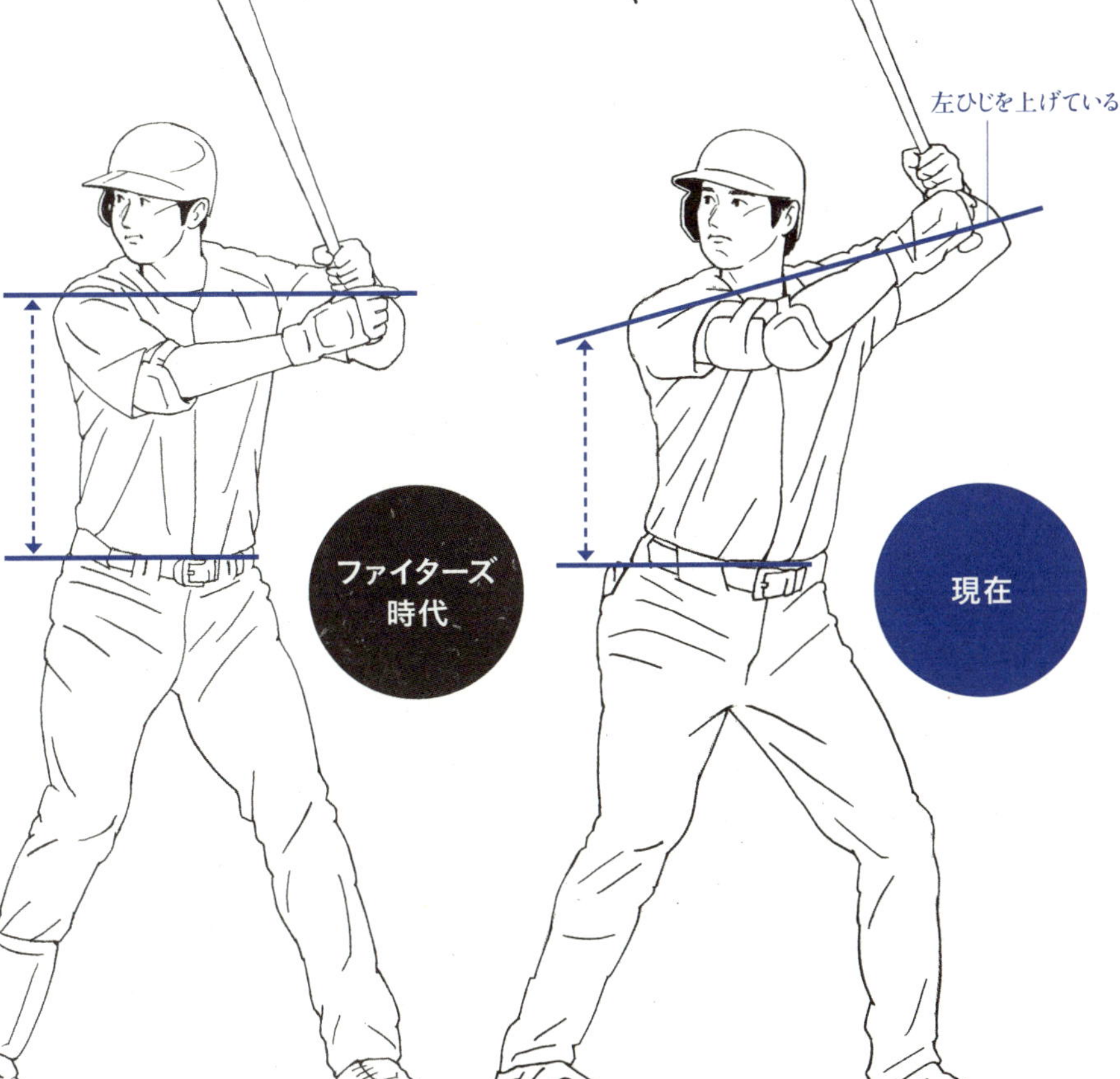

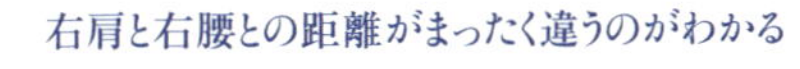
右肩と右腰との距離がまったく違うのがわかる

ポイント❻
トウタップ

下のイラストは、メジャー1年め、2018年のオープン戦の5打席めでセンター前にオープン戦初ヒットを打ったときのものです。右足を大きく上げているのがわかります。しかし、そのあとまったく打てなくなり、足を上げるのをやめて、すり足に変えました。

日本の投手は「イチニーのサン」のタイミングで投げるので、足を上げることが大事になります。しかし、メジャーの投手は「イチ・ニ・サン」のタイミングで投げるので、足を上げる時間をとれません。また、メジャーの投手の球速が日本と比べて平均で10キロ近く速いことも、すり足に変えた理由の一つです。

すり足に変えた大谷選手のタイミングのとり方の特徴は、トウタップ（つま先チョン）にあります。投手の踏み出した足が地面についた瞬間に、右足のつま先をチョンと前方にタップしているのです。

このとき、大谷選手は三つの動作を同時に行っています。すなわち、

❶軸足（左足）に体重をのせる
❷ステップ足（右足）を前方にタップする（スパイクの裏を1塁側ベンチ方向に向ける）
❸両手を軽く後方へ引く

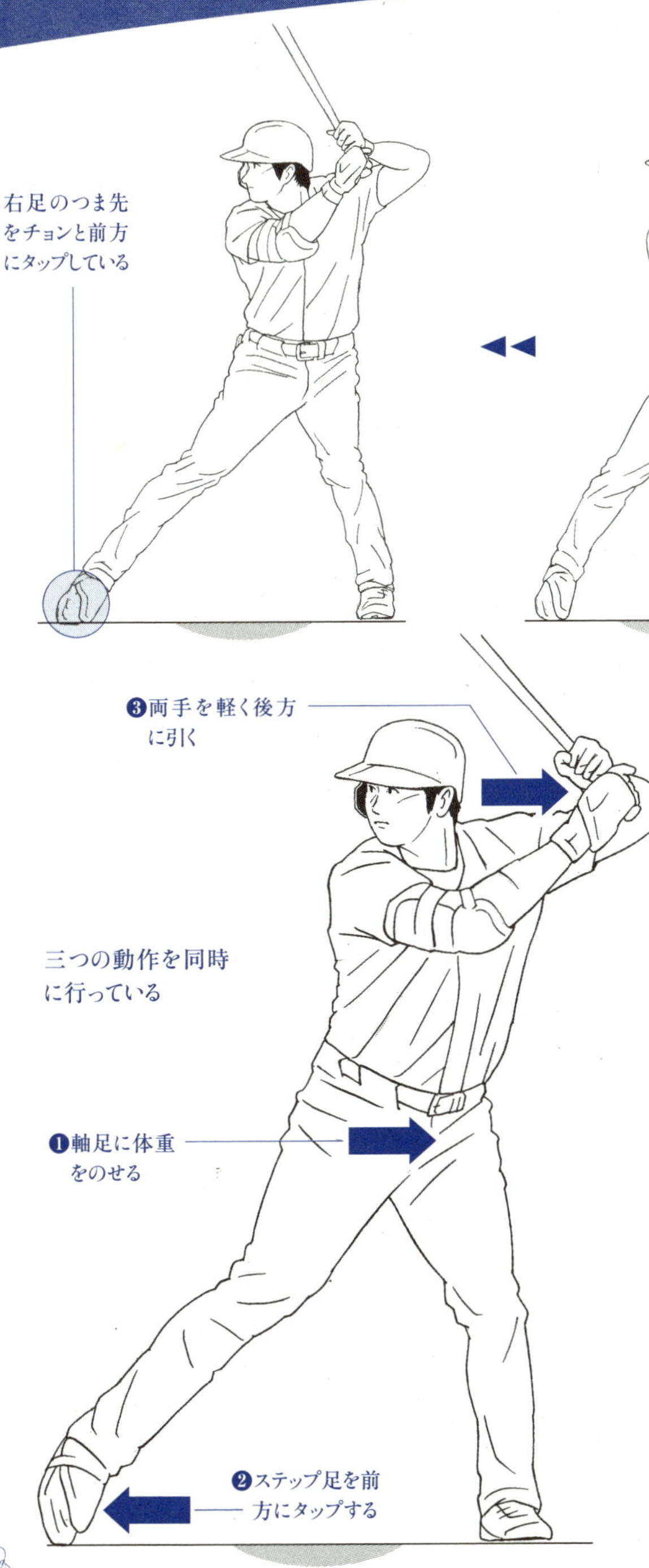

の三つです。

すり足のメリットは、投手にタイミングを合わせやすいことです。泳ぐことも差し込まれることも少ないのです。デメリットは、地面からの反動を使えないことですが、ウエイトトレーニングによってパワーをつけることで、対応できています。

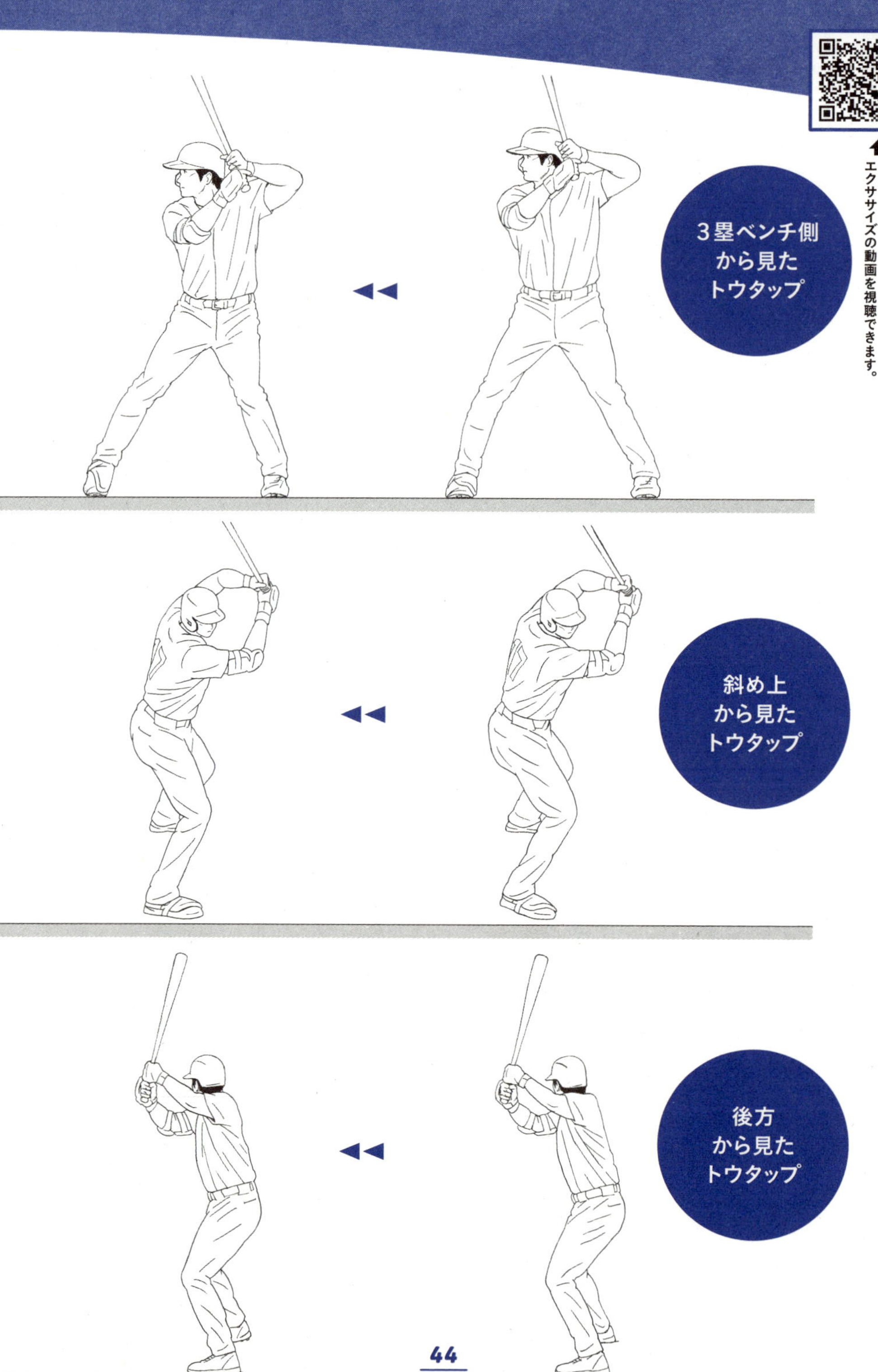
この項目に関連したエクササイズの動画を視聴できます。
3塁ベンチ側から見たトウタップ
斜め上から見たトウタップ
後方から見たトウタップ

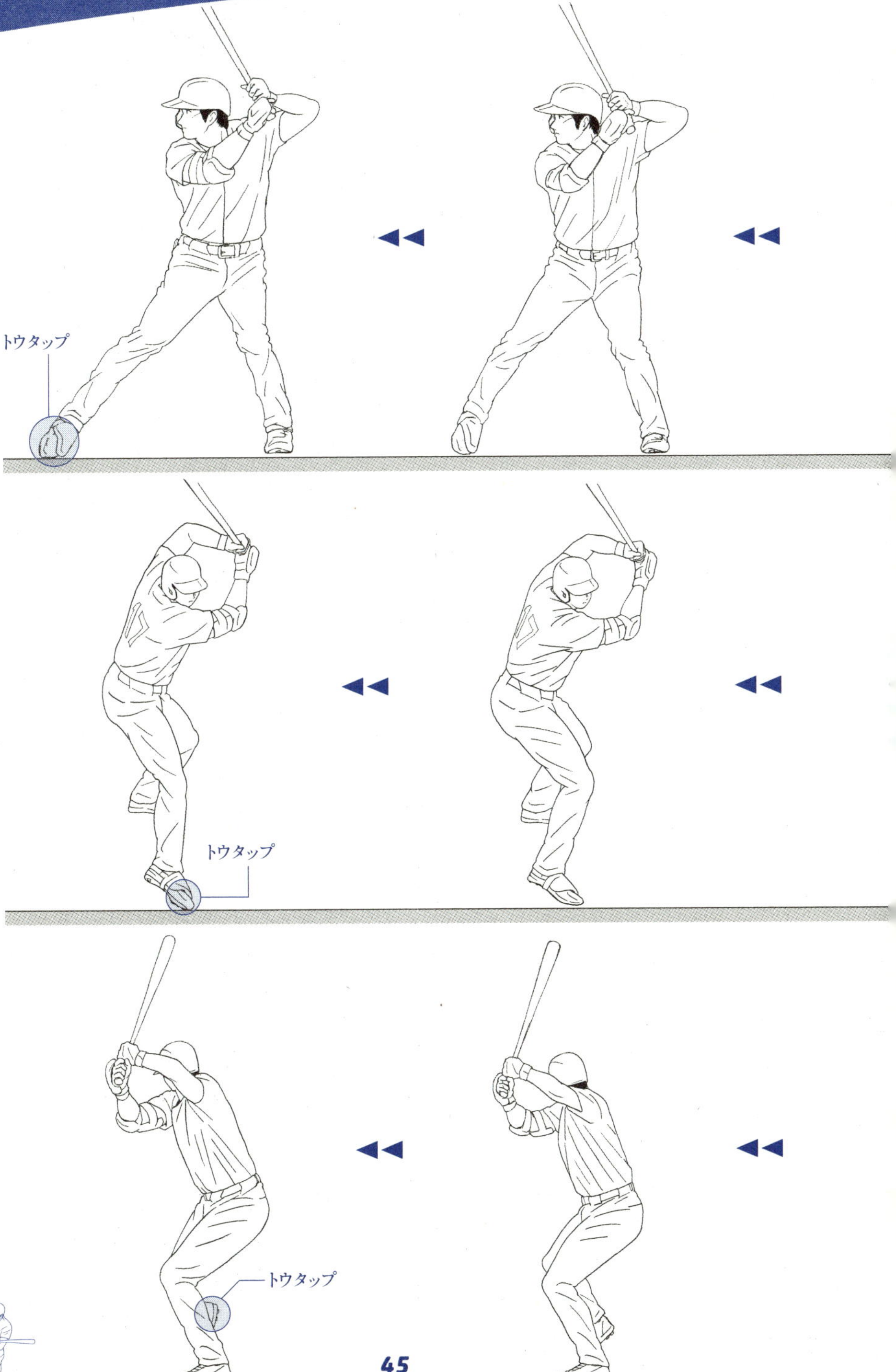

トウタップ

トウタップ

トウタップ

この項目に関連したエクササイズの動画を視聴できます。

ポイント❼ ヒップファースト＆体重移動

前項のトウタップの動きから連動するのがヒップファーストという動きです。

投手が足を上げてグローブから手が離れたときに、軸足に体重をかけながらステップするまでは、前項どおりです。

ポイントになるのは、このあとです。股関節を内側にひねって足の裏を投手に向けるときに、お尻が投手のほうに向いていることです。これがヒップファーストです。

ヒップファースト時には、次の四つの動きを同時に行っています。

❶ステップした足のスパイクの裏を投手に向ける
❷右のお尻を投手に向ける
❸軸足からステップ足に体重を移動させる
❹両手をやや背中側後方へ引く

この一連の動きによって、体の開きを抑えるとともに、腰をしっかりと回すことができています。

また、バットがボールをとらえるまでの距離のことを「スイングレングス」といいます。大谷選手のスイングレングスは約241センチとMLB（メジャーリーグベースボール）の平均である約223センチを大幅に上回ります。

この長さの秘密は、トウタップからヒップファーストにかけての割り（くわしくは16ページを参照）の大きさにあります。

四つの動きを同時に行っている

❶ステップした足のスパイクの裏を投手に向ける

❷右のお尻を投手に向ける

❸軸足からステップ足に体重を移動させる

❹両手をやや背中側後方へ引く

この割りの大きさが打球の飛距離を生んでいる

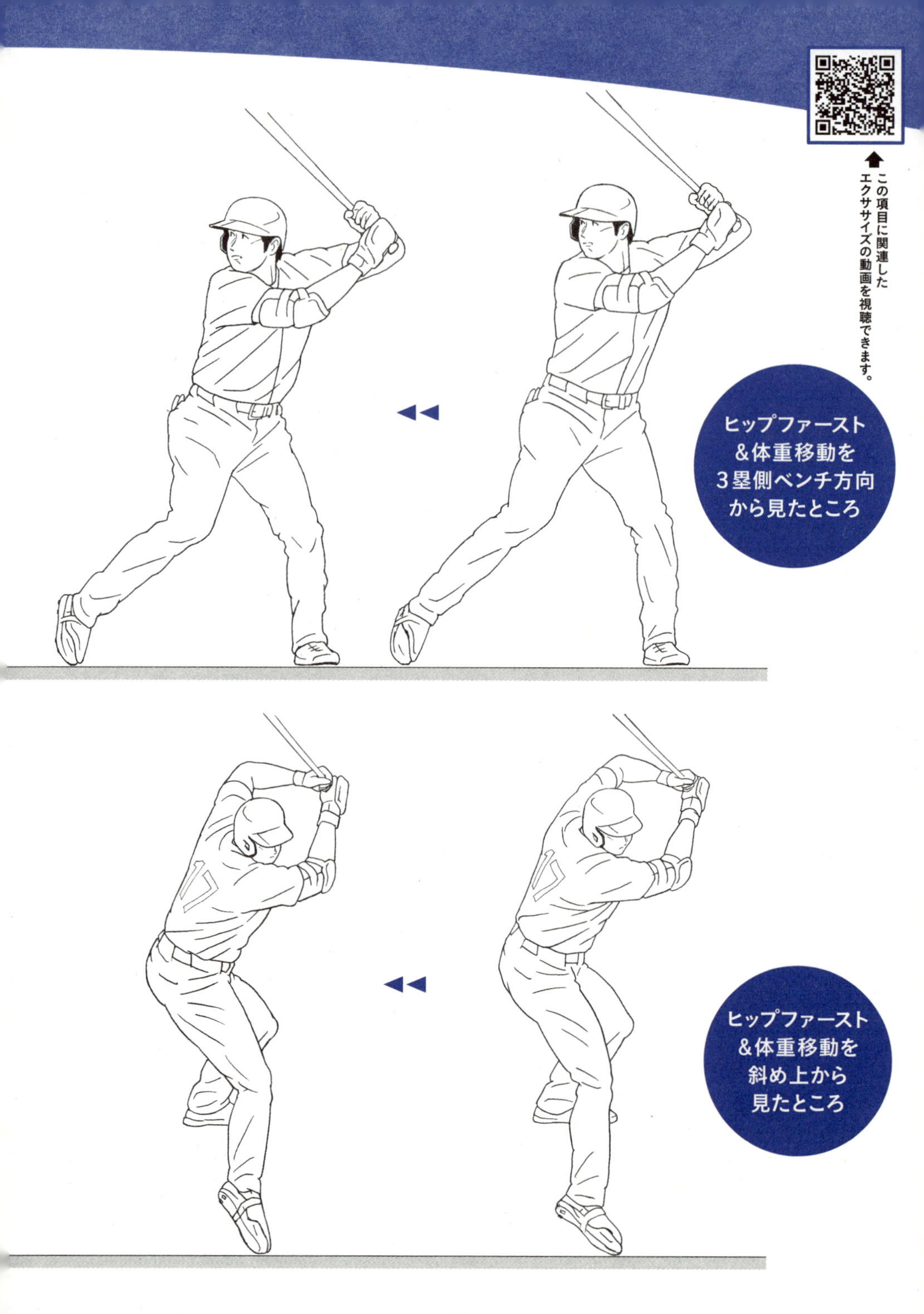
この項目に関連したエクササイズの動画を視聴できます。
ヒップファースト
&体重移動を
3塁側ベンチ方向
から見たところ
ヒップファースト
&体重移動を
斜め上から
見たところ

この項目に関連したエクササイズの動画を視聴できます。

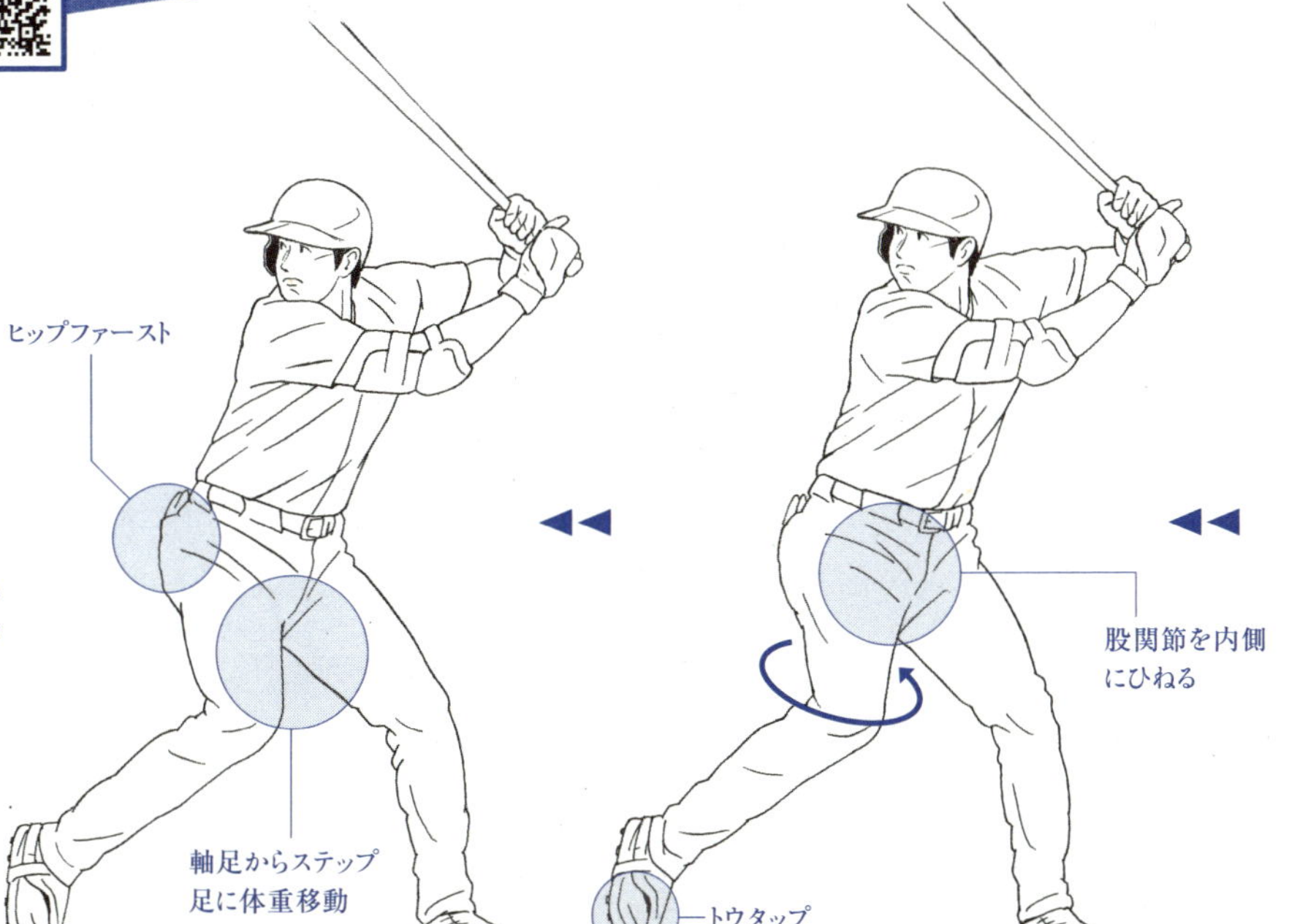

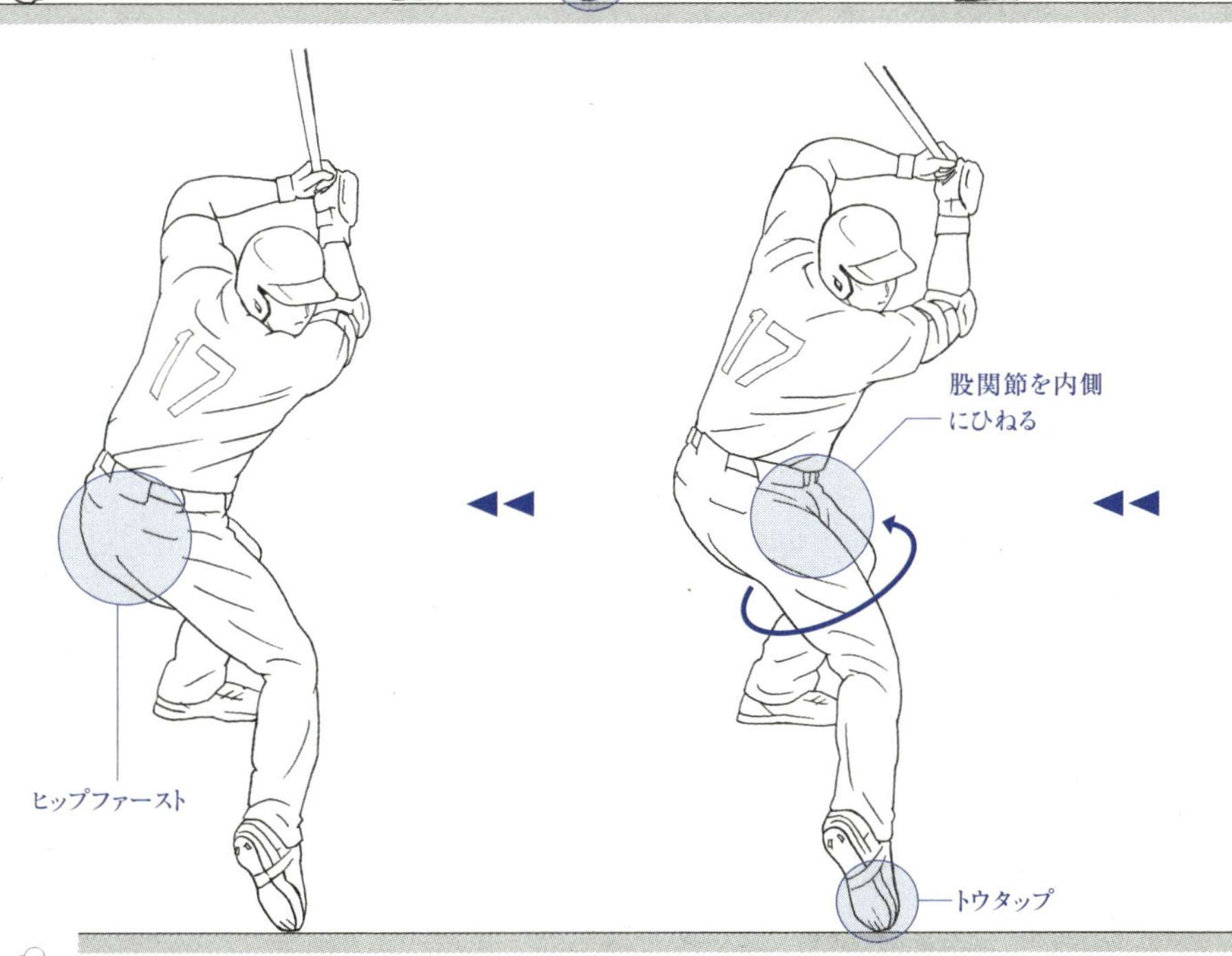

ポイント❽
ドロップヒール&エルボーイン

前項のヒップファーストによって、内側にひねった股関節を、今度は外側にひねりながら、踏み出した右足のかかとが地面についた瞬間にスイングを開始します。このかかとを地面につける動作がドロップヒールです。ドロップヒールで地面を強く押すと、その反作用で強い地面反力を得ることができます。

そして、スイングを開始するために、両ひじを真下に下ろします。これがエルボーインです。左右のひじを前方ではなく真下（ヘソのほう）に下ろすことによって、垂直回転が可

右足のかかとで地面を強く押して
ひじを真下に下ろしている

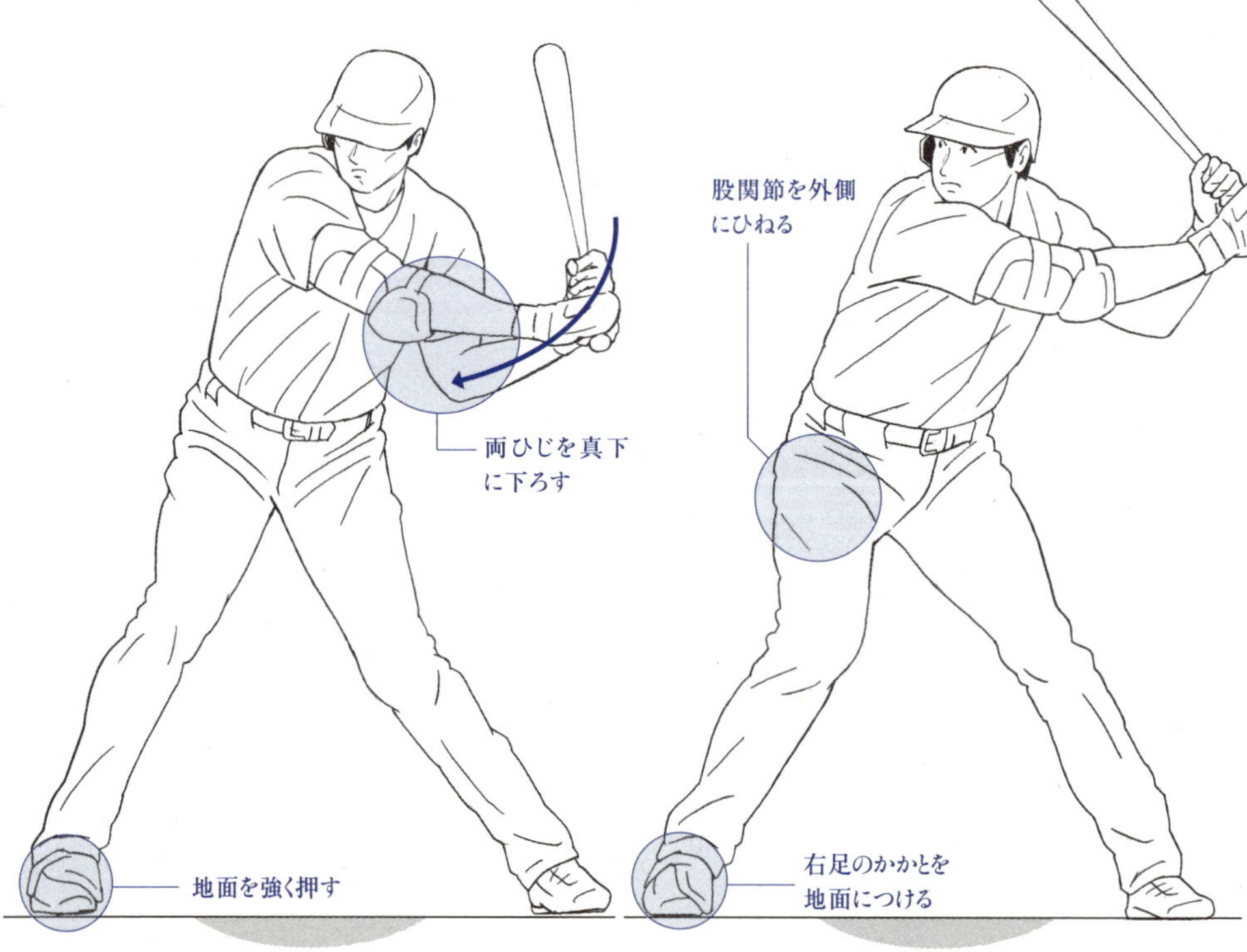

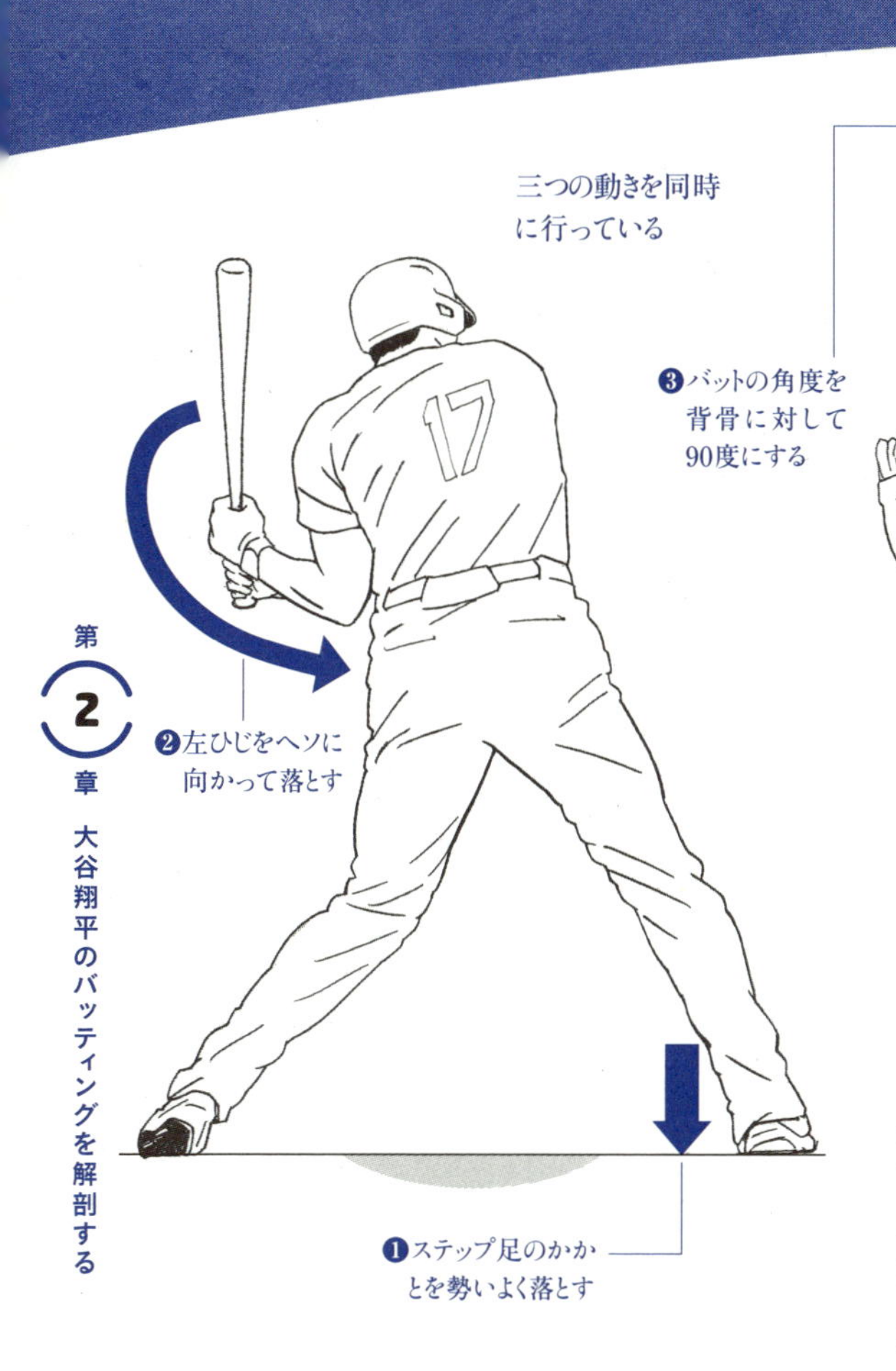

能になるわけです。

　スイングを開始すると、ドロップヒールで得られた地面反力によって、まず骨盤（こつばん）の右側が後方へ押され、その結果、骨盤の左側が前方へと押されて、爆発的な体の回転が可能になります。

　この一連の動作では、以下の三つの動きが同時に行われています。

❶ステップ足のかかとを勢いよく落とす（このとき、つま先はまだ3塁側ベンチ方向に向いている）
❷左ひじをヘソに向かって落とす
❸バットの角度を背骨に対して90度にする

　③については、でんでん太鼓の動きをイメージするとわかりやすいでしょう。でんでん太鼓を勢いよく回転させると、振り子は90度の角度に上がり、それより上になることはありません。つまり、回転系の動作においては、軸に対して腕やバットは常に90度になるのが理想なのです。

３塁側ベンチ
方向から見た
ドロップヒール＆
エルボーイン
ドロップヒール
斜め上から見た
ドロップヒール＆
エルボーイン
ドロップヒール
後方から見た
ドロップヒール＆
エルボーイン
ドロップヒール

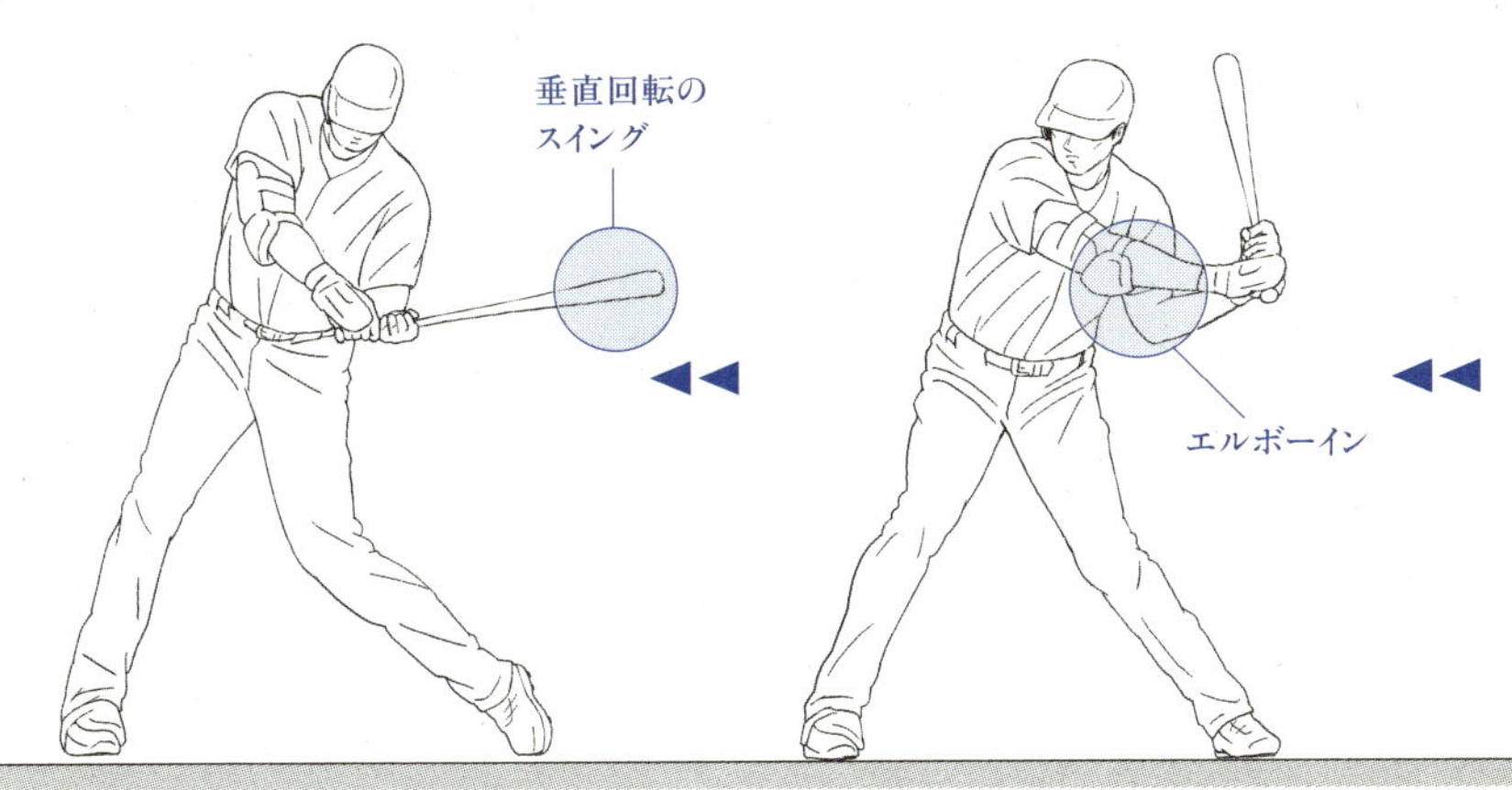
垂直回転の
スイング
エルボーイン

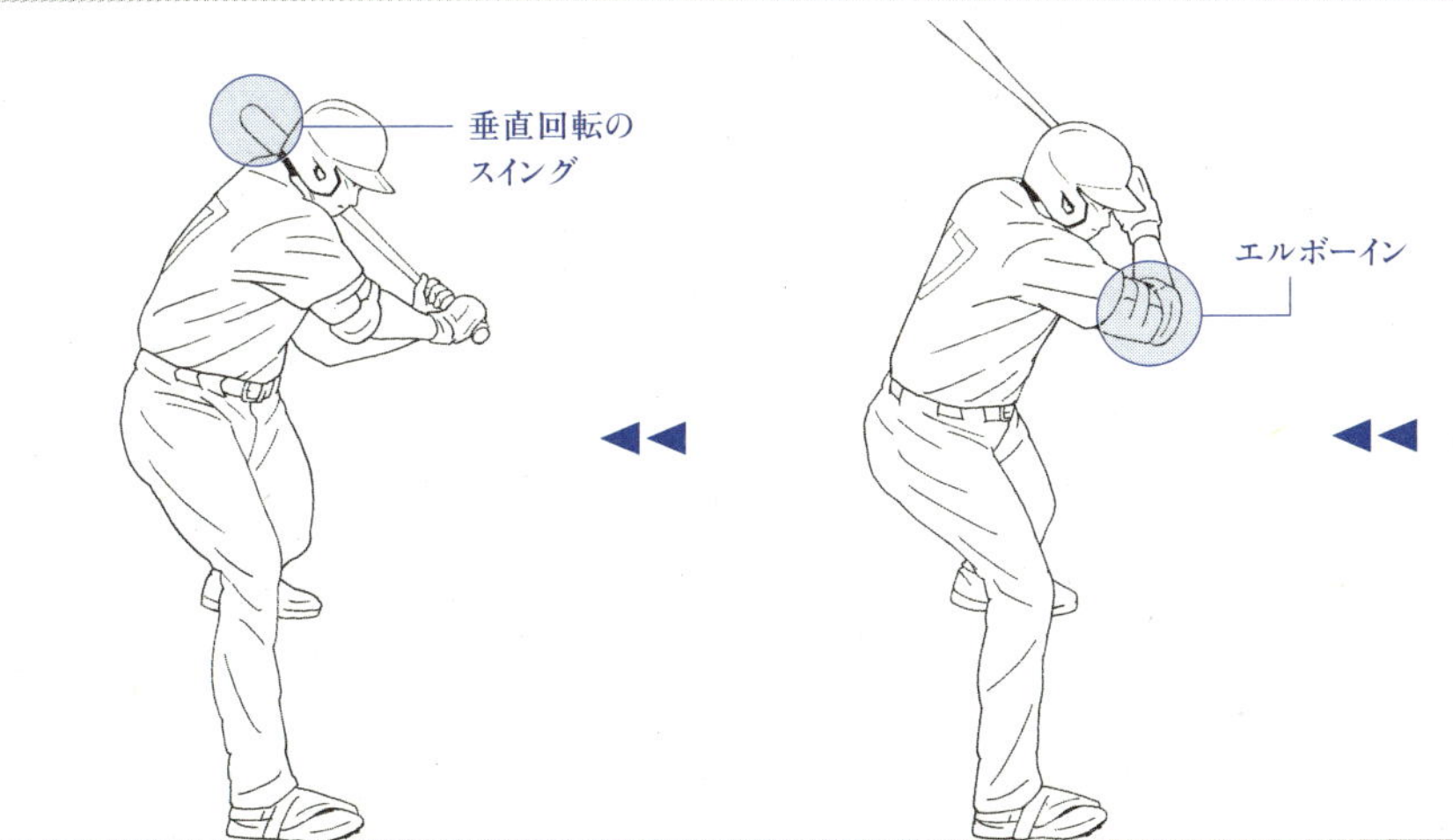
垂直回転の
スイング
エルボーイン

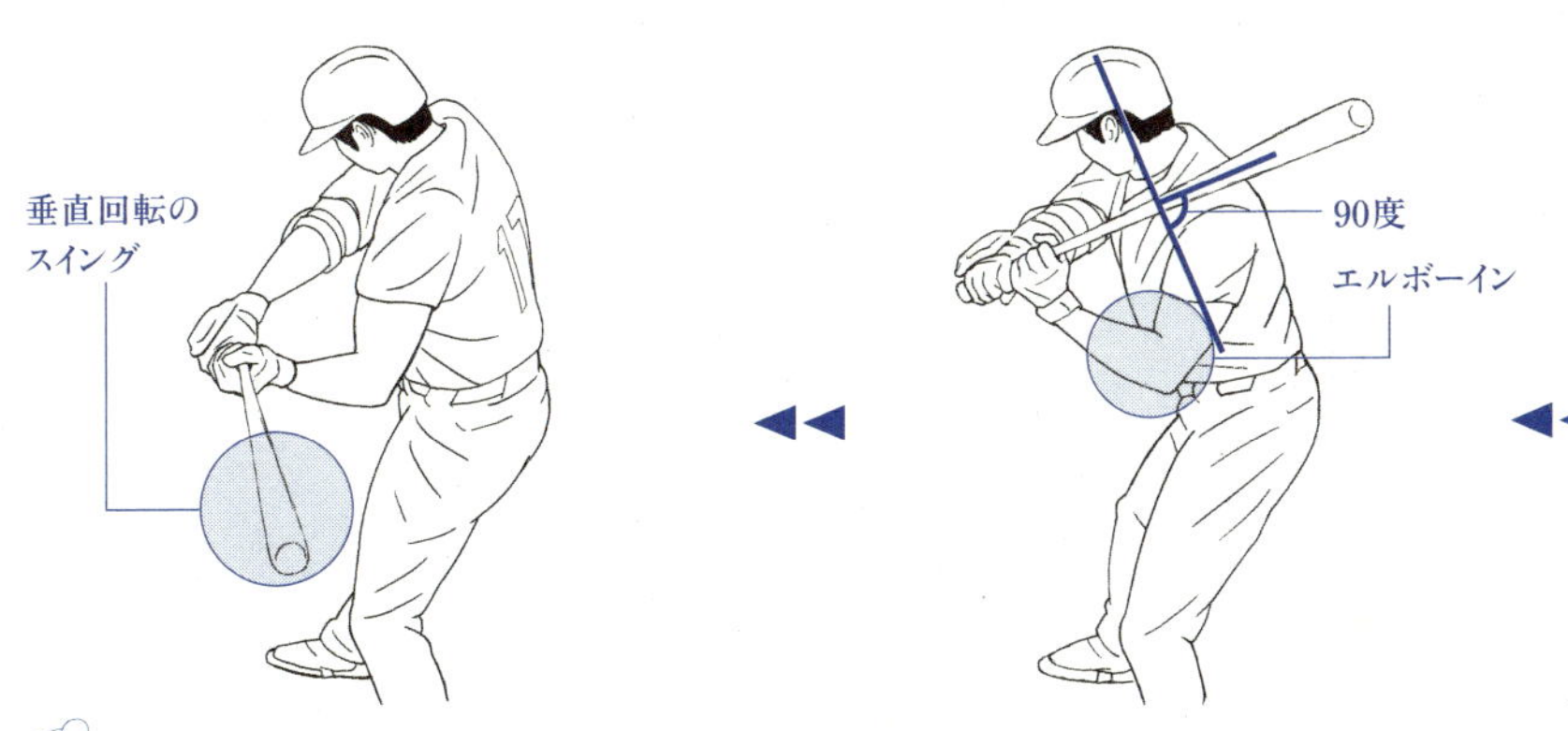
垂直回転の
スイング
90度
エルボーイン

この項目に関連したエクササイズの動画を視聴できます。

ポイント❾ フライングエルボー2

バットを握ったときに下にくるボトムハンド（大谷選手の場合は右手）のフライングエルボーです。このとき、左肩を落としてエルボーイン（くわしくは50ページを参照）をしながら、右の肩とひじを上げてわきを開いています（下のイラストを参照）。これは、厳しいインコース攻めに対応するためと思われます。

インコースいっぱいの球を、右わきを開けずに打つと、ヘッドが早く返りすぎて、ファールになるか、バットが折れてしまいます。そのため、大谷選手はティーバッティングも右

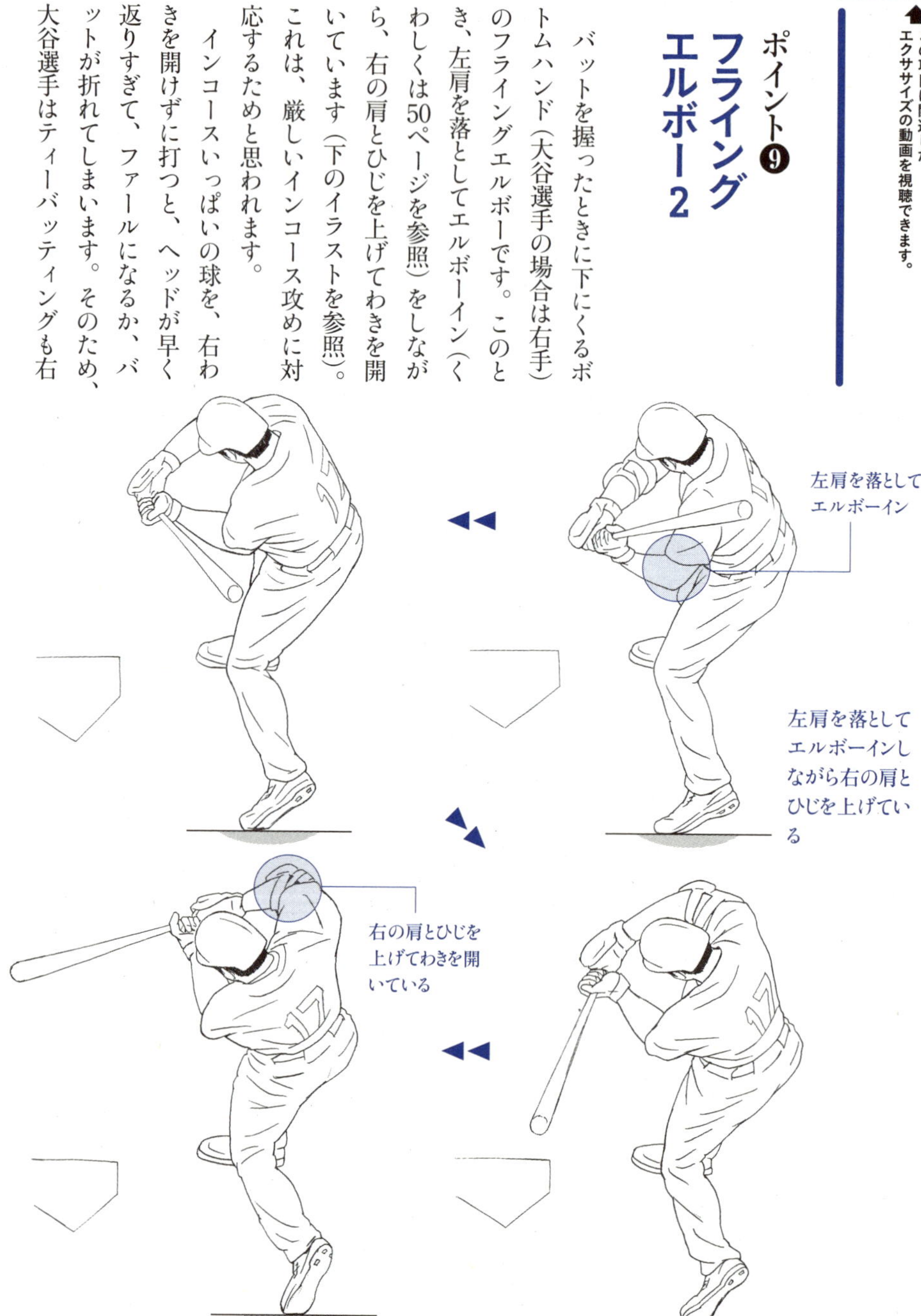

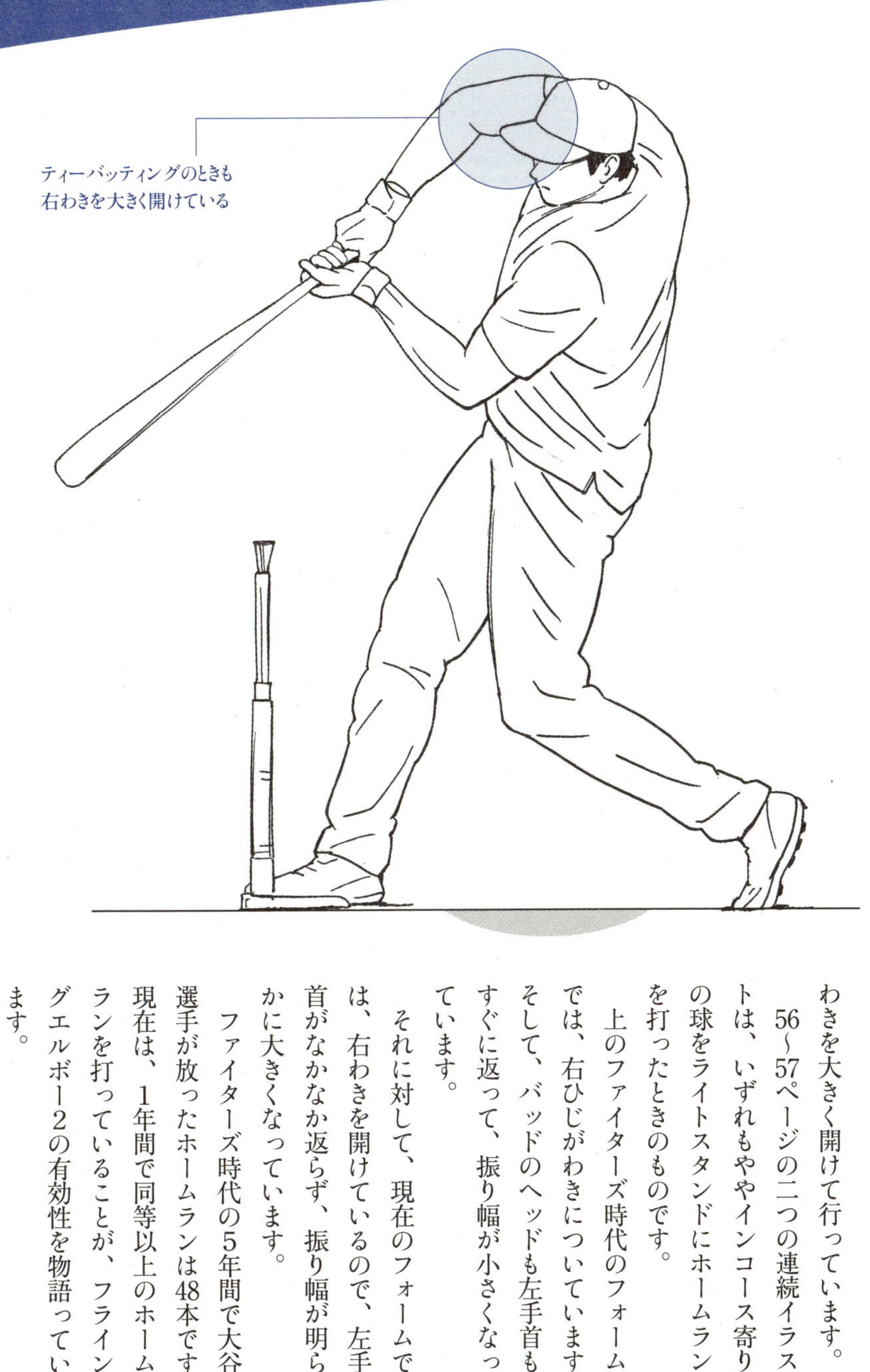

わきを大きく開けて行っています。

56〜57ページの二つの連続イラストは、いずれもややインコース寄りの球をライトスタンドにホームランを打ったときのものです。

上のファイターズ時代のフォームでは、右ひじがわきについています。そして、バッドのヘッドも左手首もすぐに返って、振り幅が小さくなっています。

それに対して、現在のフォームでは、右わきを開けているので、左手首がなかなか返らず、振り幅が明らかに大きくなっています。

ファイターズ時代の5年間で大谷選手が放ったホームランは48本です。現在は、1年間で同等以上のホームランを打っていることが、フライングエルボー2の有効性を物語っています。

ファイターズ時代のフライングエルボー2なしのフォーム

メジャー移籍後のフライングエルボー2ありのフォーム

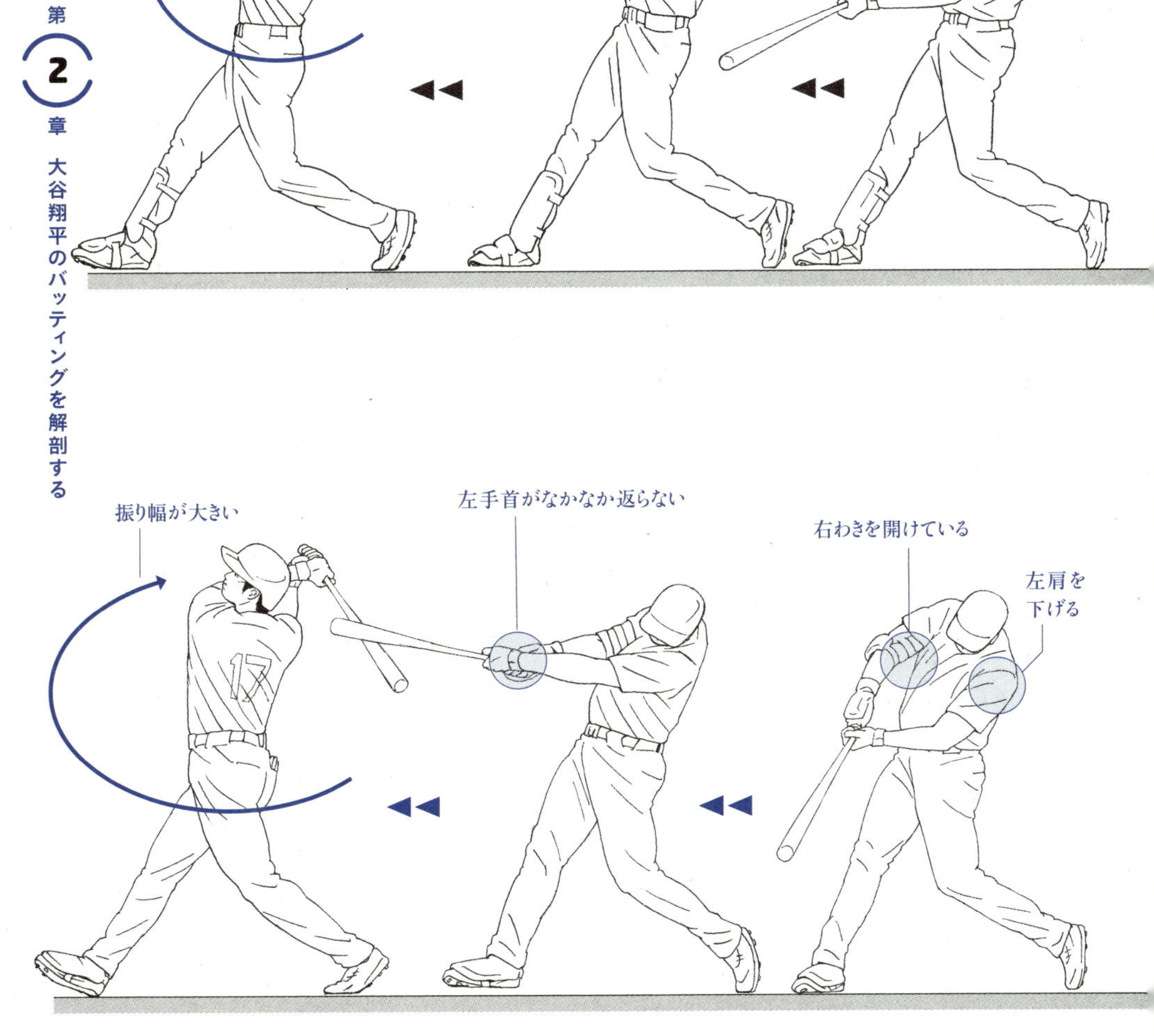
振り幅が小さい
バットのヘッドも左手首もすぐに返っている
右ひじがわきについている
振り幅が大きい
左手首がなかなか返らない
右わきを開けている
左肩を下げる

ポイント⑩
ビハインドボール

ビハインドボールとは、後ろからボールを見ることです。

釘を打つときに、それが高い位置でも低い位置でも、後ろから見たほうが正確に打てるはずです。

また、バントをするときも、ボールとバットと目が水平に近い位置にあると、成功率が高まります。

時速140キロのボールは0・4秒でミットに届きます。それに対して打者は、0・2秒のところで球種やコースを判断してスイングします。

この0・2秒の位置は、投球の初速があるため、投手と捕手の間の中央

高い位置でも低い位置でも後ろから見たほうが正確に釘を打てる

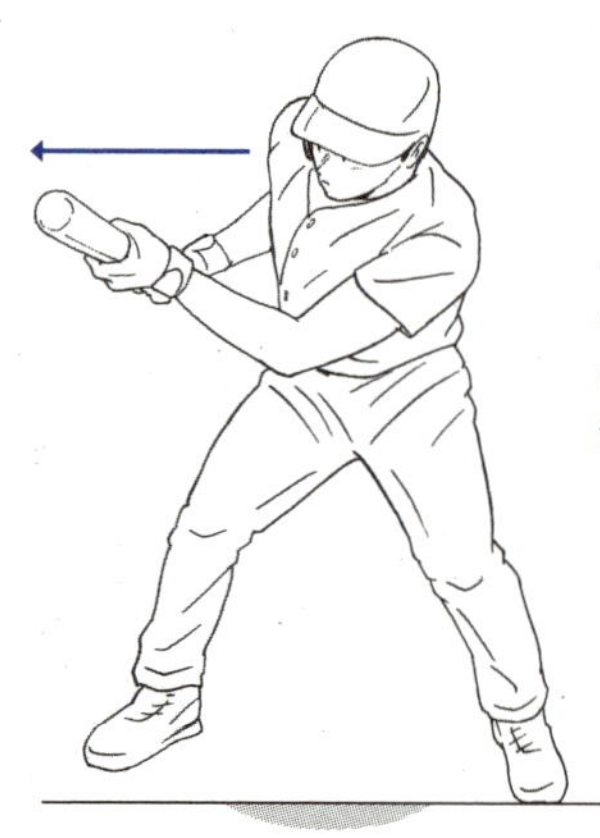

バントをするときもボールとバットと目が水平に近い位置が理想

よりやや投手寄りになります。そのあたりのボールを見て球種やコースを判断し、微修正するわけです。そのためには、後ろからボールを見るほうが有利になります。

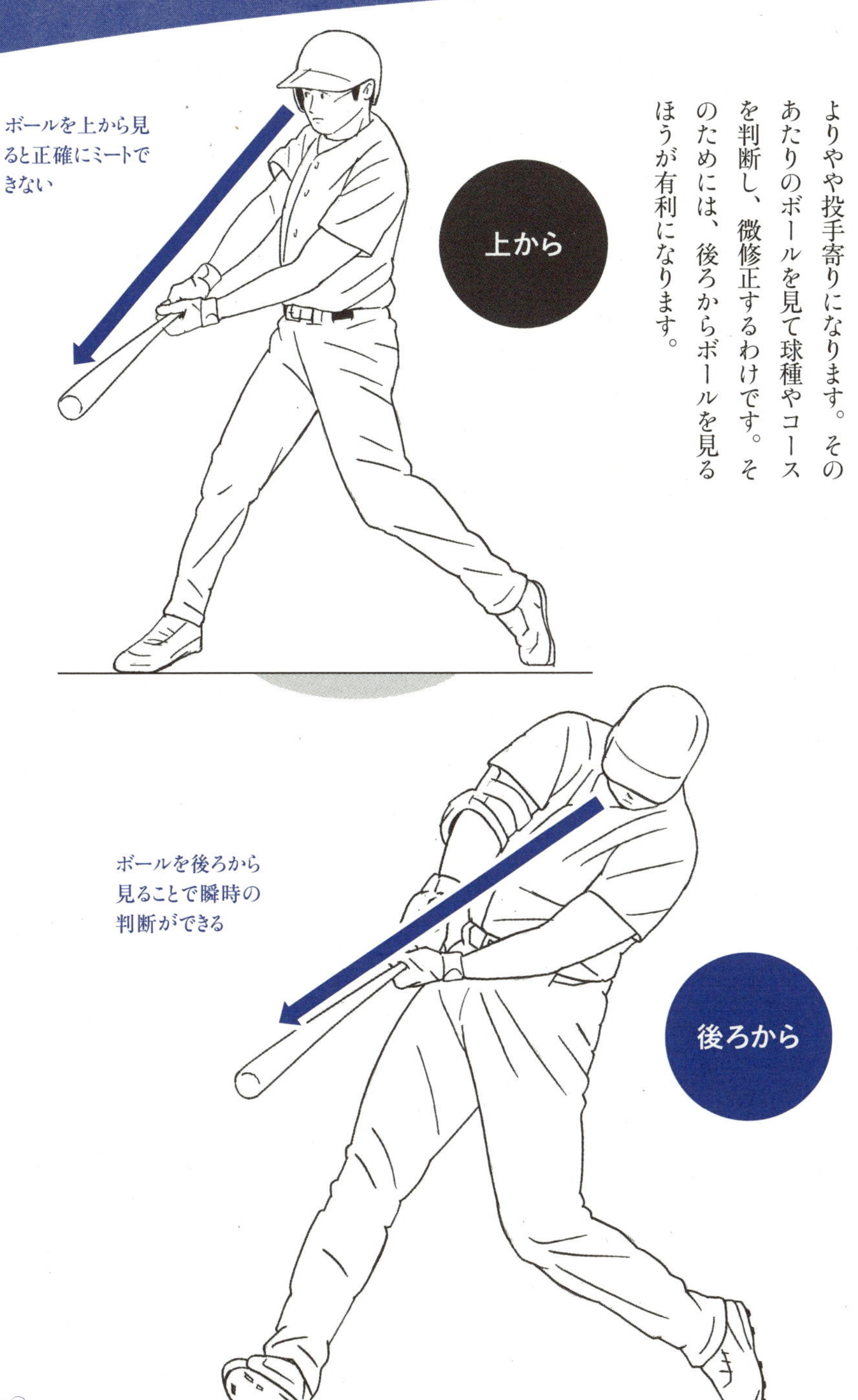

上から
ボールを上から見ると正確にミートできない
後ろから
ボールを後ろから見ることで瞬時の判断ができる

ポイント⑪ ネックリフレックス

人間の体は、姿勢や平衡の維持のために、首の位置によって力が出やすい部位が生じるようにできています。この機能をネックリフレックス（頸反射）といいます。

たとえば、首を右に傾けると、体が右に倒れやすくなります。また、あごを引くとひじを曲げやすくなり、あごを上げるとひじを伸ばしやすくなります。

右下のイラストを見ると、ファイターズ時代と現在とでは、頭の位置が大きく違っているのがわかります。

現在の大谷選手は、すべての打席ではありませんが、左ひじがわきに入った状態から首の位置が変わっていきます。あごを引き、首を左に倒して、首を左に回旋するという三つの動きが、単一ではなく複合的に行われているのです。

このときのネックフレックスにより、左の大殿筋（お尻の筋肉）とハムストリングス（もも裏の筋肉群）に、より力が入り、左足を後ろに押す力が増しています。さらに、肩甲骨を前に出す力と左手を伸ばす力も増すため、より力強いスイングが可能になっています。

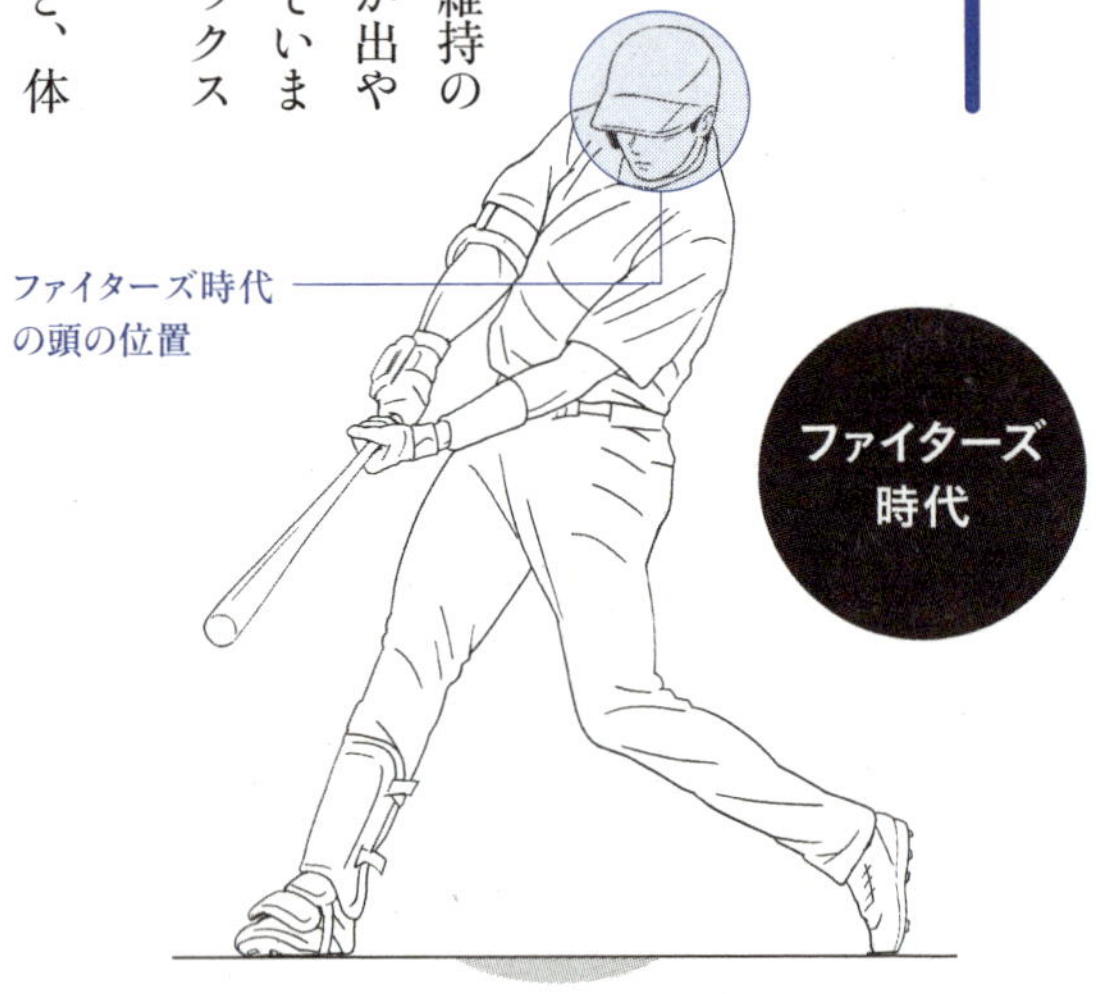

ファイターズ時代の頭の位置

ファイターズ時代

現在の頭の位置

現在

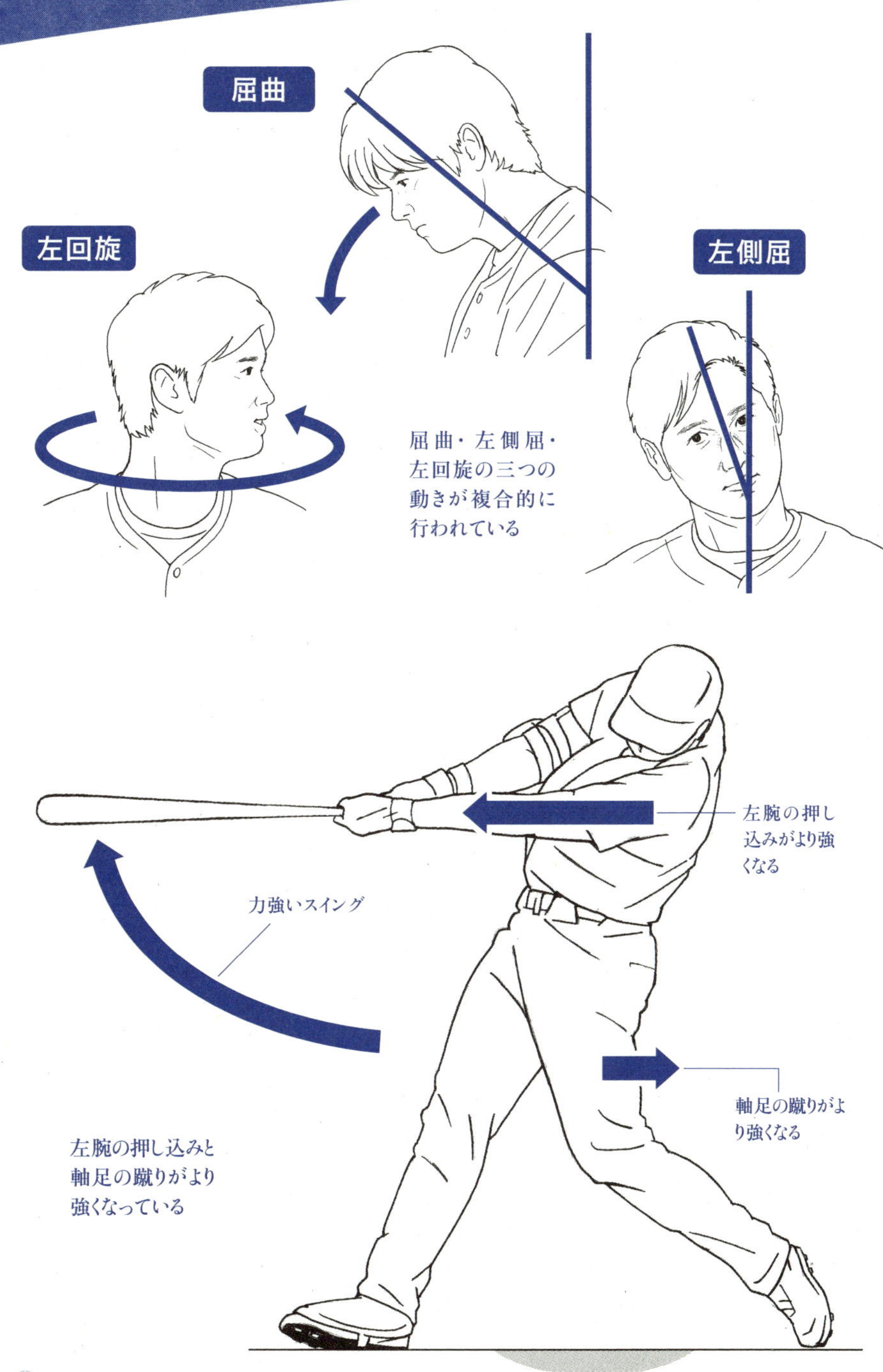
屈曲
左回旋
左側屈
屈曲・左側屈・
左回旋の三つの
動きが複合的に
行われている
左腕の押し
込みがより強
くなる
力強いスイング
軸足の蹴りがよ
り強くなる
左腕の押し込みと
軸足の蹴りがより
強くなっている

この項目に関連したエクササイズの動画を視聴できます。

ポイント⑫ ブレイシングメソッド

大谷選手は、バットでボールをミートする直前からスイングのフィニッシュまでの間に、独特なブレイシングメソッド（呼吸法）を行っています。口をすぼめてプウと息を吐くので、私はこれを「口プウ」と呼んでいます。

口プウのメカニズムは、ウエイトトレーニングで重いバーベルを挙げるときと同じです。強く息を吐いて止めることで、腹圧が上がり、重心がより安定して、最大の筋力をより発揮しやすくなるのです。

スイングの前半は重力を利用しての垂直回転なので、さほど力を必要としません。しかし、スイングの中盤から後半にかけては重力に逆らってのアッパースイングをするため、より大きな力を必要とします。そのため、スイングが後半に移行するにつれて、息を強く吐き、それを止めるため、ほほが大きくふくらむわけです。そのとき、腹圧が高くなり、重心が固定されて、より大きな力を発揮できます。

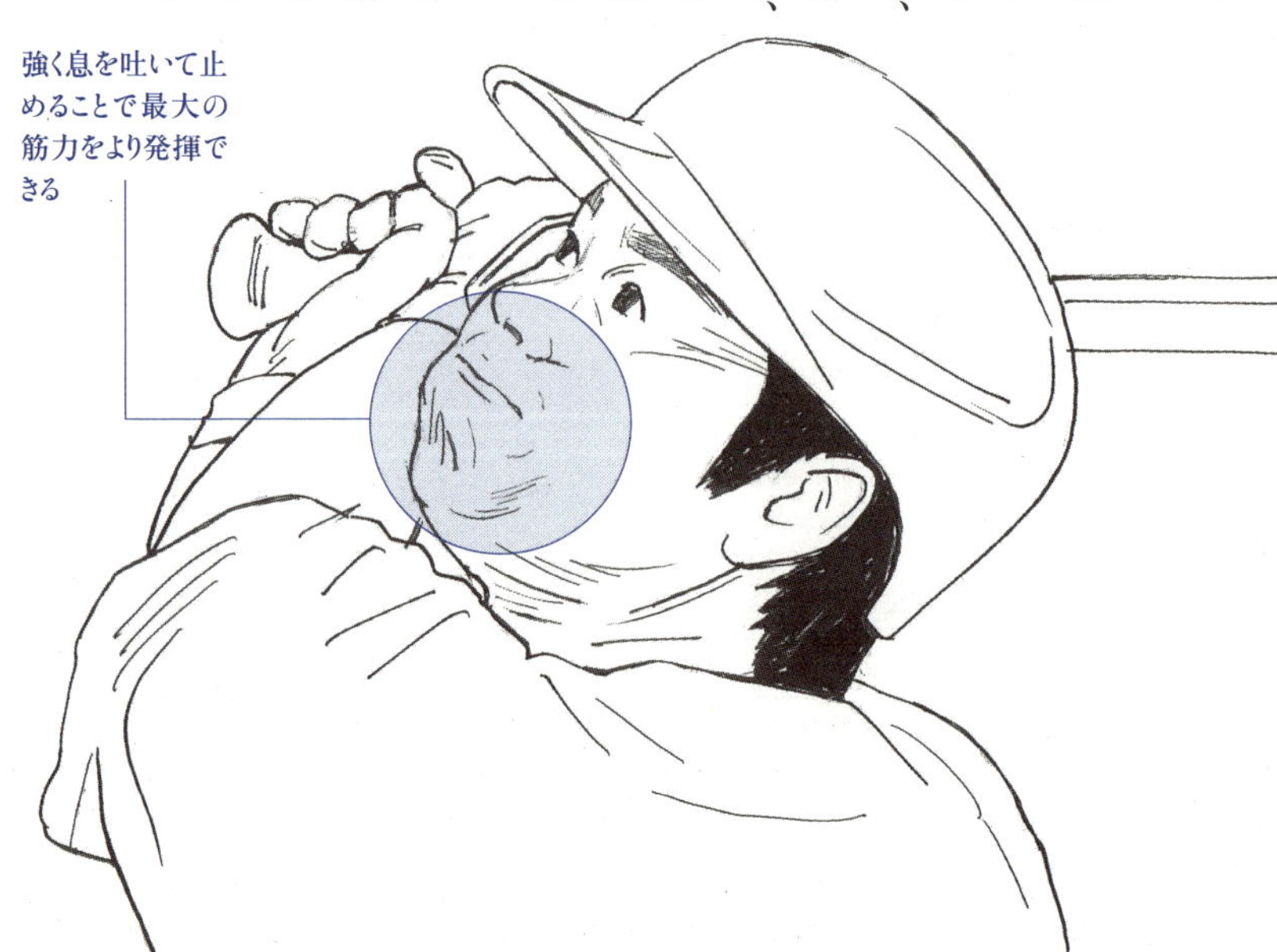

強く息を吐いて止めることで最大の筋力をより発揮できる

↑この項目に関連したエクササイズの動画を視聴できます。

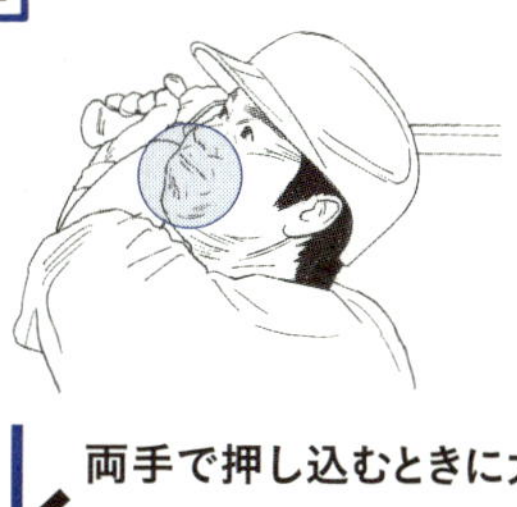

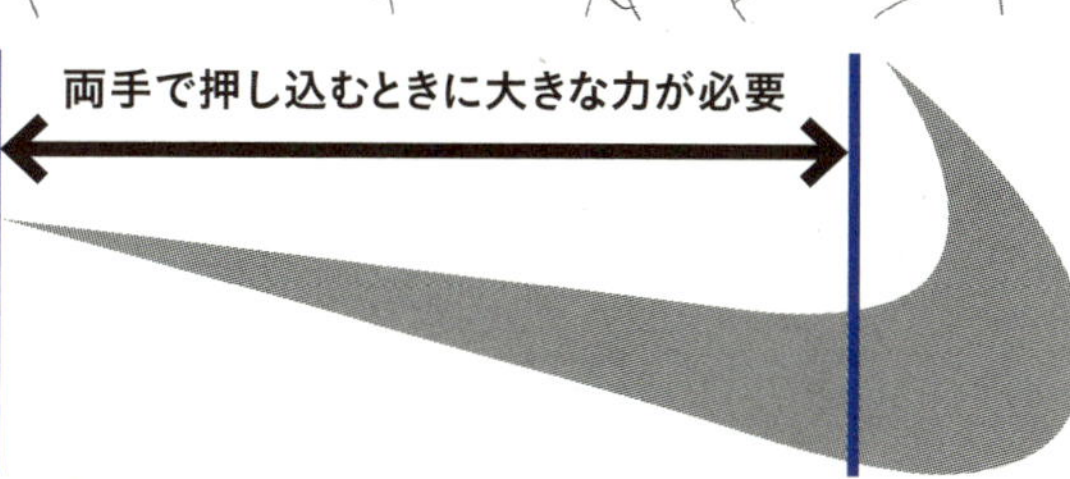

スイングの中盤から後半に重力に逆らうためより大きな力が必要になる

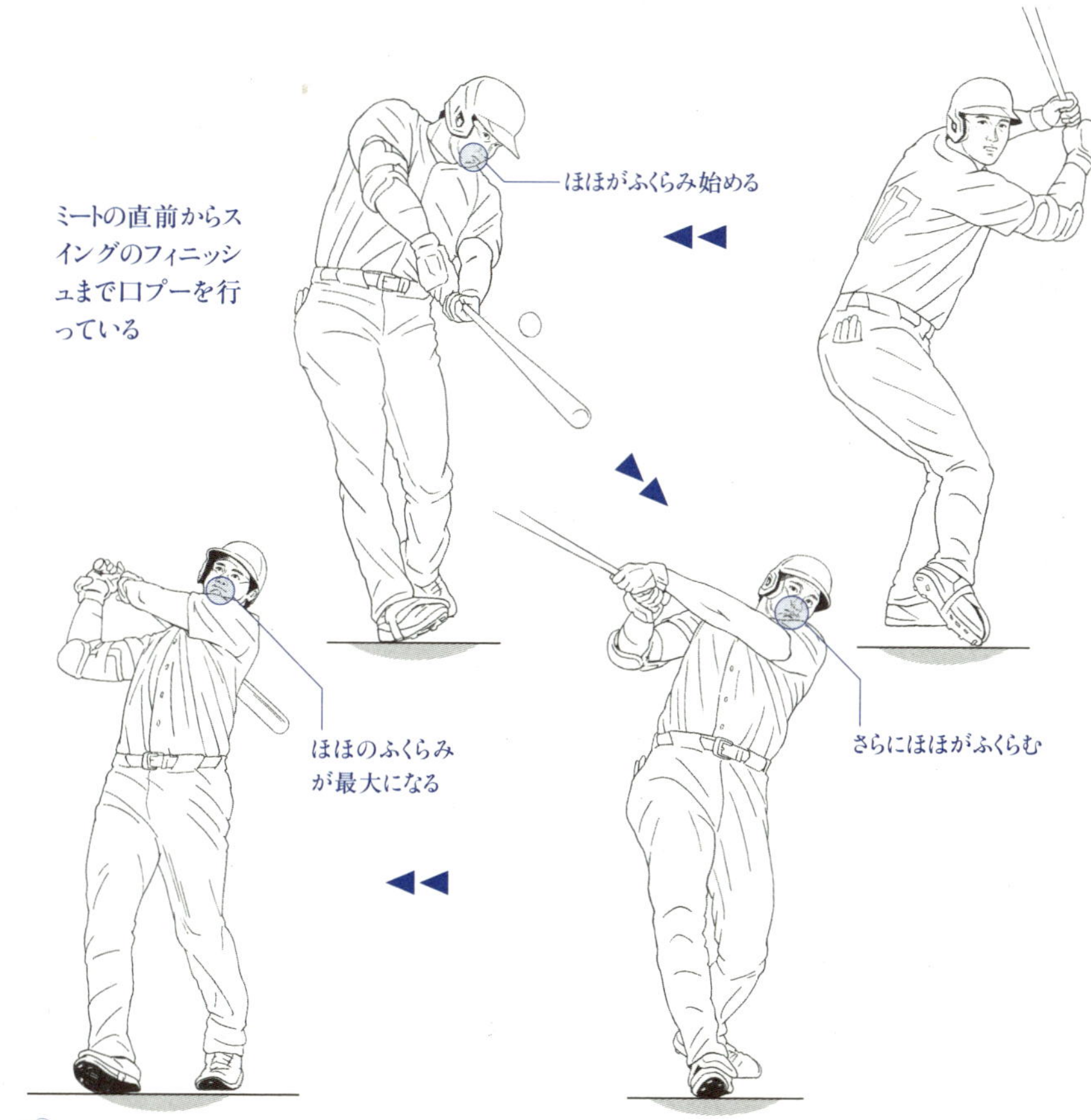

ほほがふくらみ始める
さらにほほがふくらむ
ほほのふくらみが最大になる

ミートの直前からスイングのフィニッシュまで口プーを行っている

ポイント⑬
ディレイトプロネーション

ディレイトは取り除くこと、プロネーションは回内(かいない)(内側に回すこと)を意味します。ここでいうディレイトプロネーションとは、トップハンドの押しを遅らせて、左手首の返し込みを強くしていることを指します。

ファイターズ時代の大谷選手は、ミート後に左手の甲が上に向くのが早く(回内)、腕が背中方向に伸びていました。しかし、メジャー移籍後は、左手の返しを遅らせることにより、腕が投手方向に伸びるようになりました。そのため、左腕の押し込みがより強くなり、力をより強く長くボールに加えられるようになったのです。

ディレイトプロネーションなしのスイングでは、バットは円形の軌道を描きます。これに対して、ディレイトプロネーションありのスイングでは、バットは楕円形の軌道を描き、投手方向にやや直線的な軌道が生まれて、ボールの軌道とバットの軌道の一致距離が長くなり、タイミングがやや遅れてもレフト方向へ、タイミングが早ければライト方向へ、タイミングが合えばセンター方向へ強い打球を飛ばせます。その結果、振り幅、ミート幅が大きくなり、それだけ広角に長打を打てるようになるわけです。

2024年シーズン当初のホームランがあまり出ない時期に、大谷選手はバットのヘッドが少し早く返ることが原因だと気づき、クリケットのバットを練習に利用して話題になりました。クリケットのバットでは、トップハンドの手首を返すと打つことができません。おそらく、そのためにクリケットのバットを使ったのでしょう。

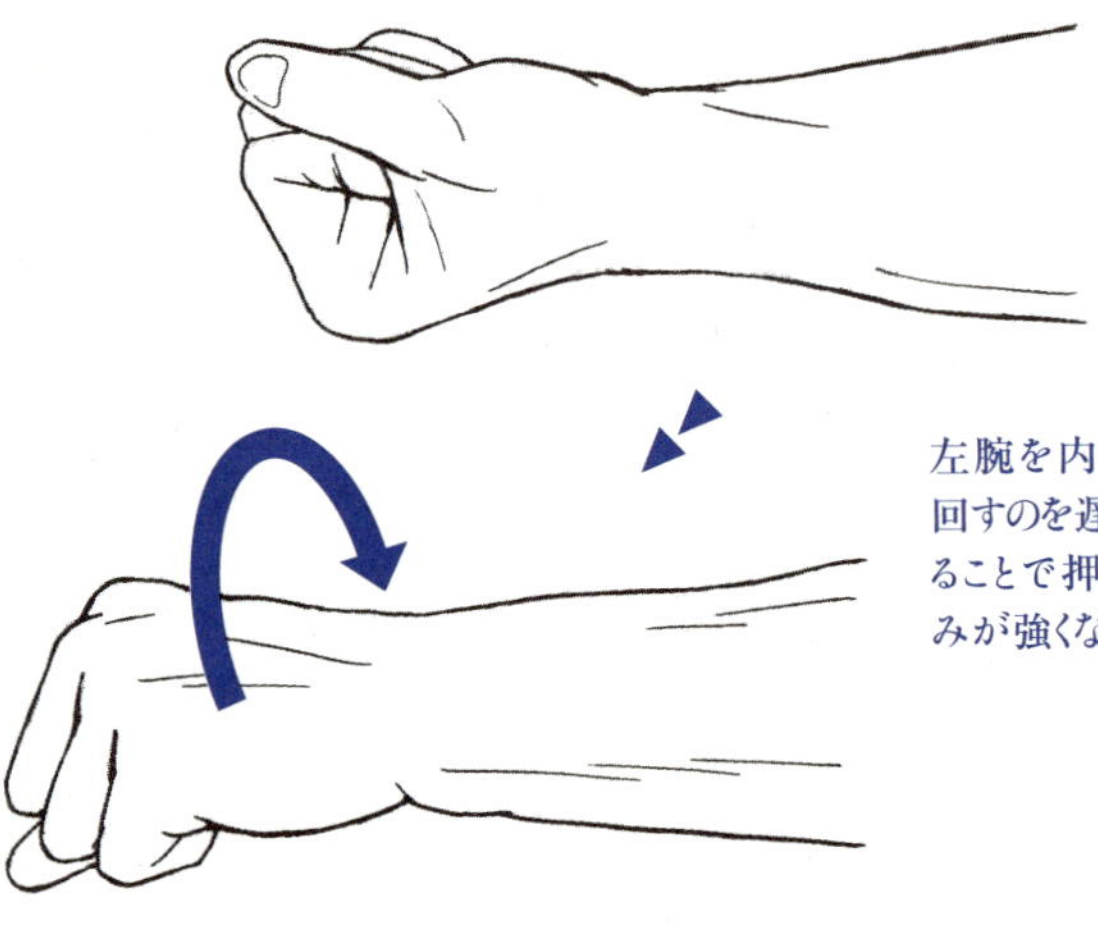

左腕を内側に回すのを遅らせることで押し込みが強くなった

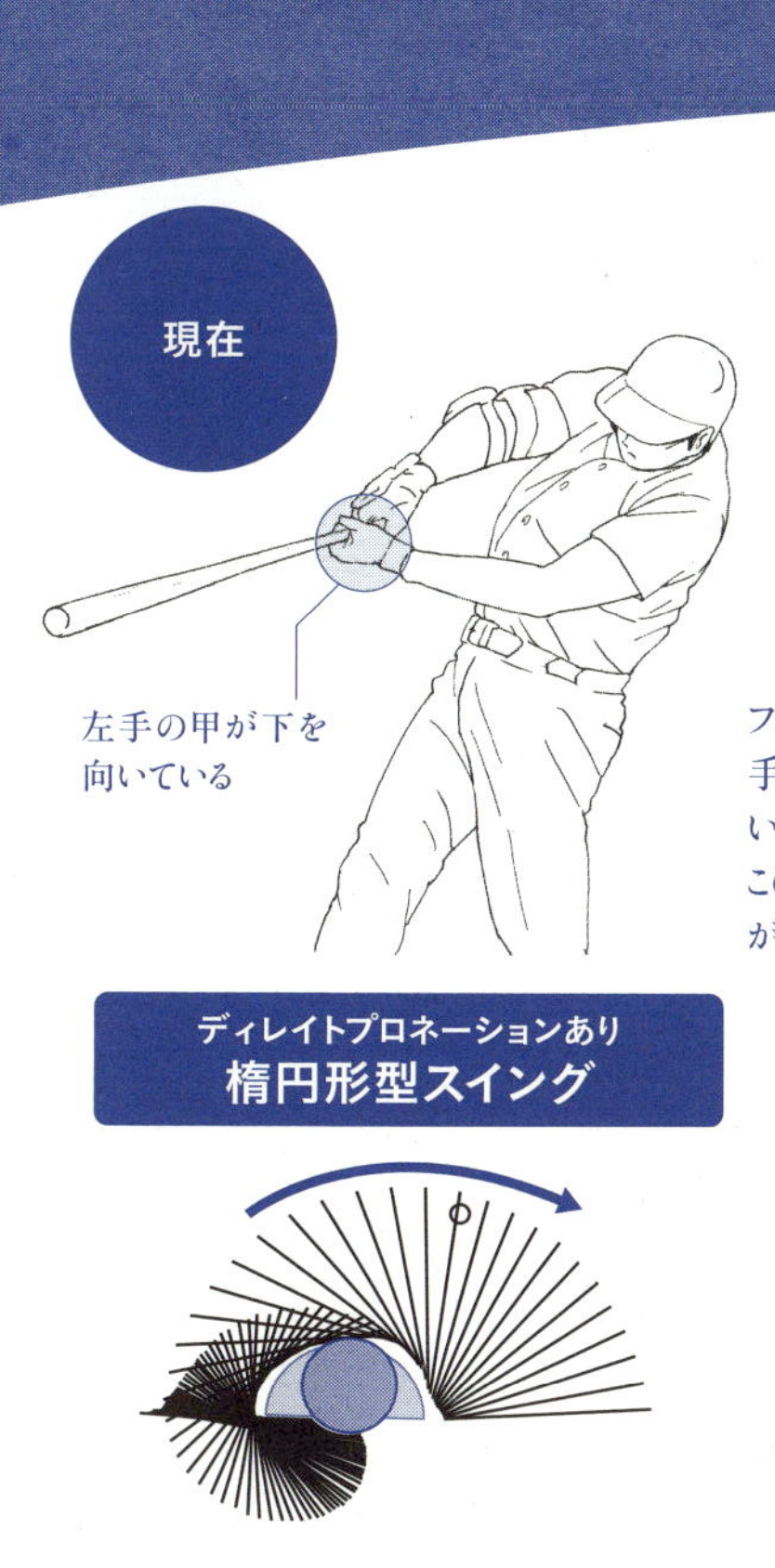

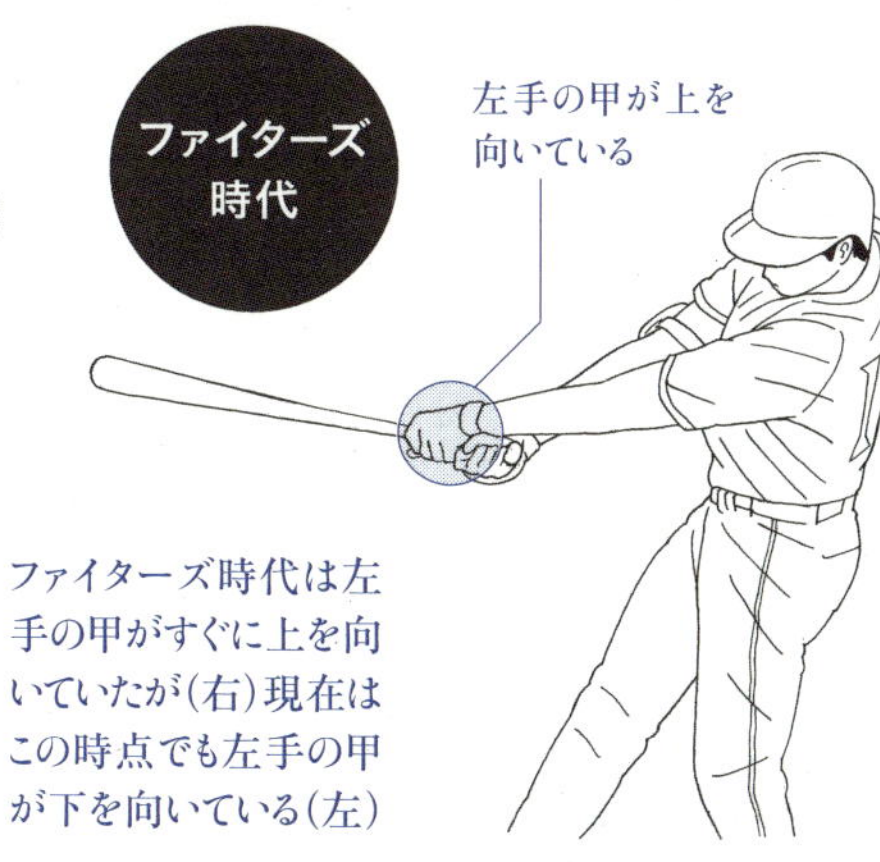

ファイターズ時代は左手の甲がすぐに上を向いていたが(右)現在はこの時点でも左手の甲が下を向いている(左)

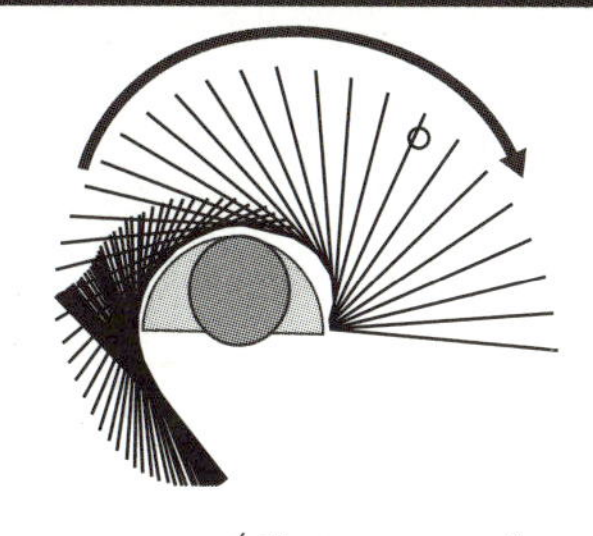

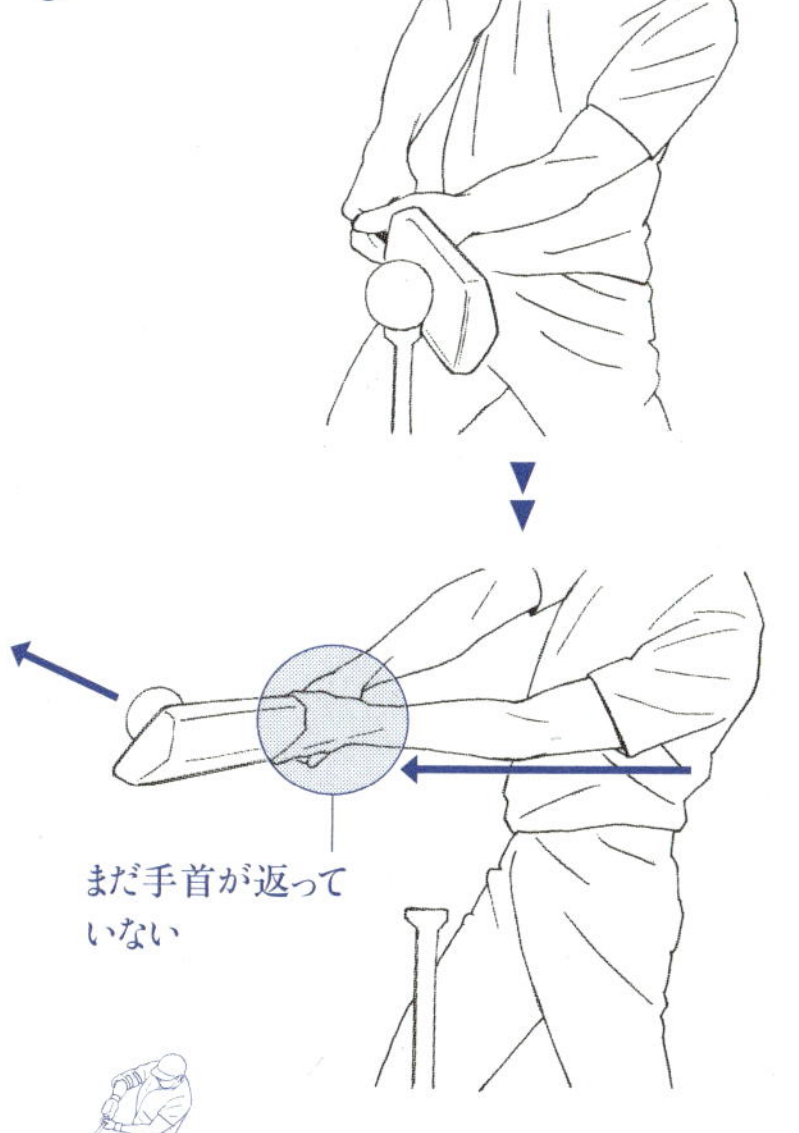

クリケット仕様のバットによるバッティング練習。回内が早いとゴロにしかならないが(右)、回内を遅らせればライナーになる(左)

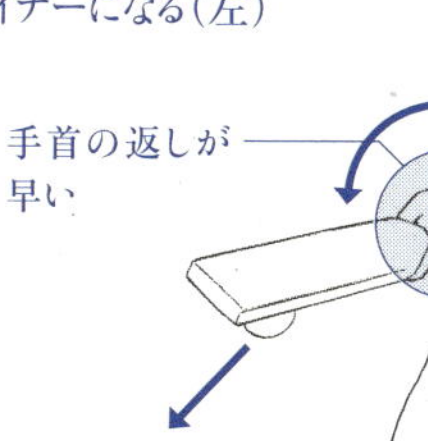

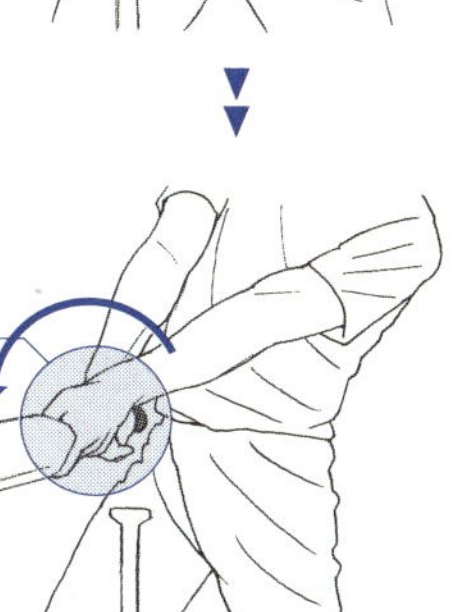

この項目に関連したエクササイズの動画を視聴できます。

ファイターズ時代

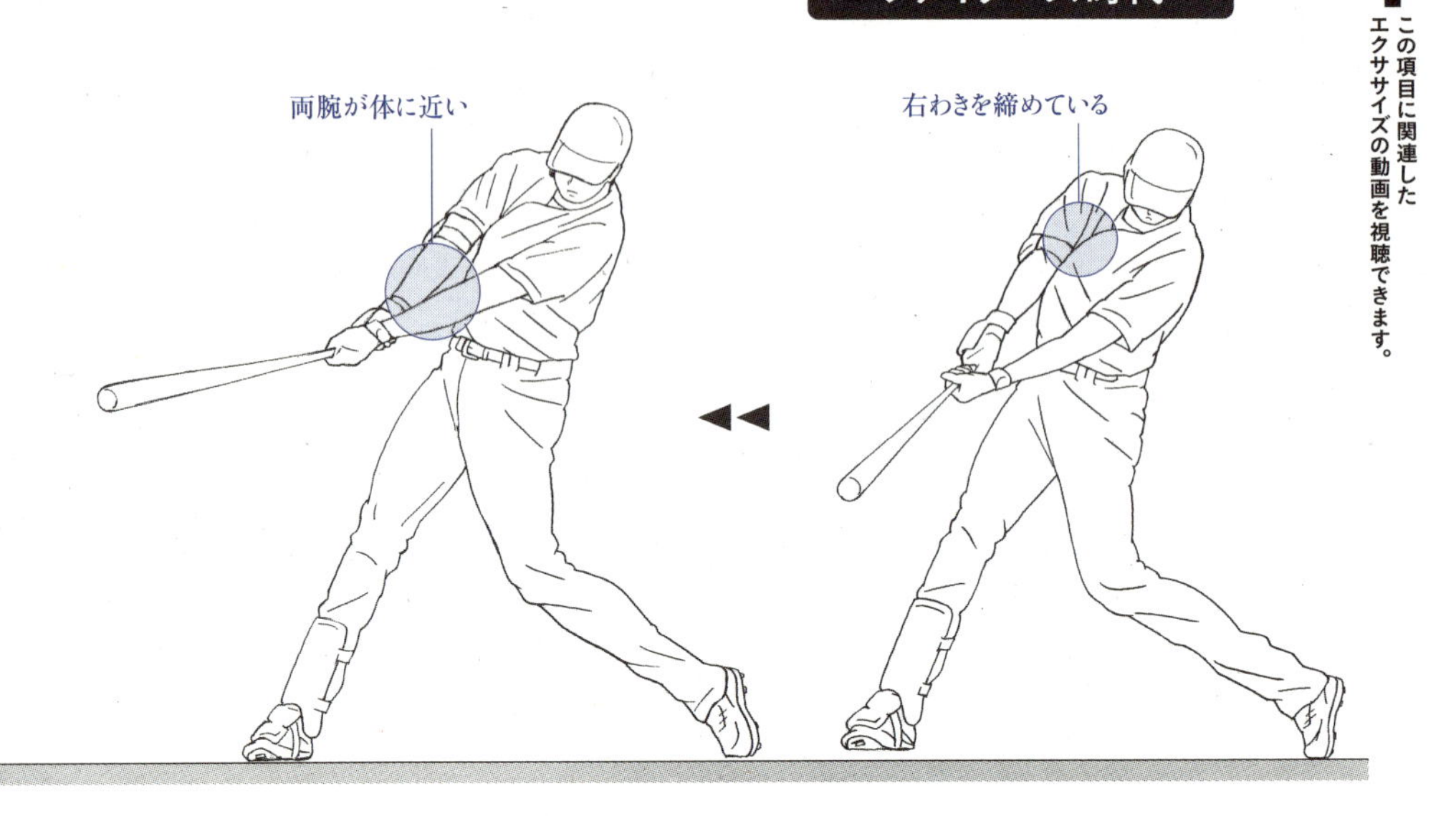

現在

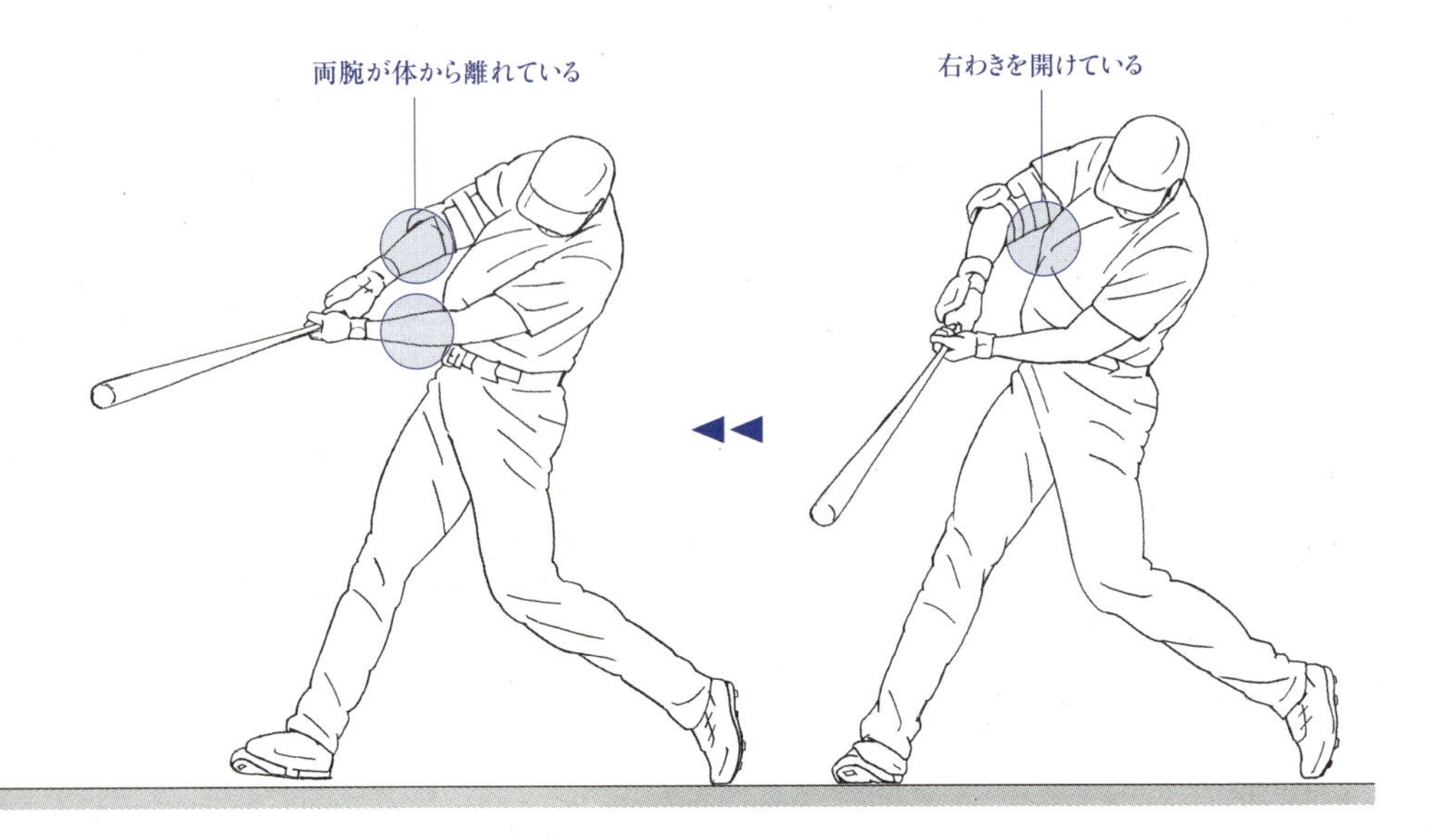

ファイターズ時代は左手首の返しが早かった
ためフォロースルーが小さかった

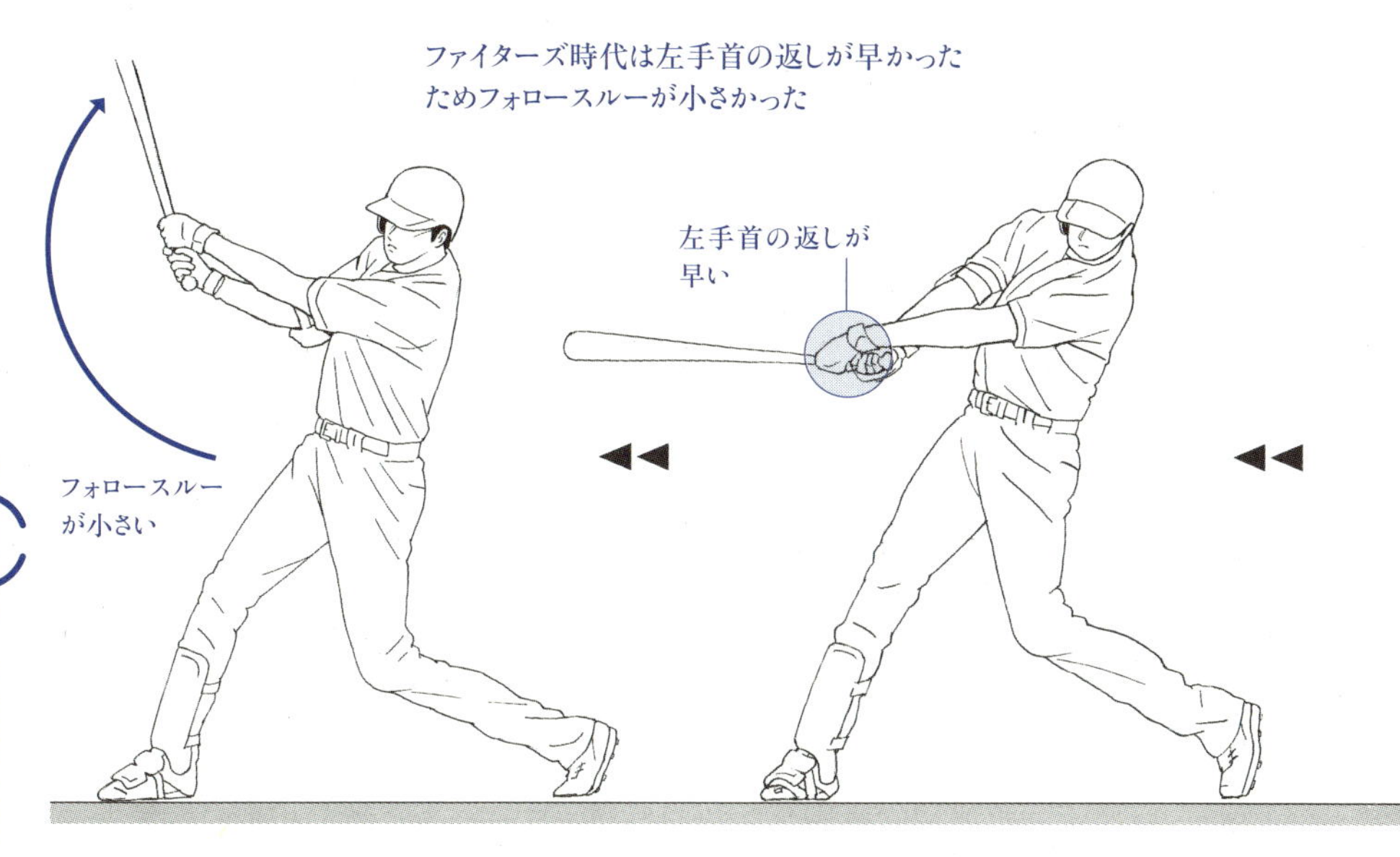

メジャー移籍後は意識的に左手首の返しを遅らせるように
したため左手の押し込みが強くなっている

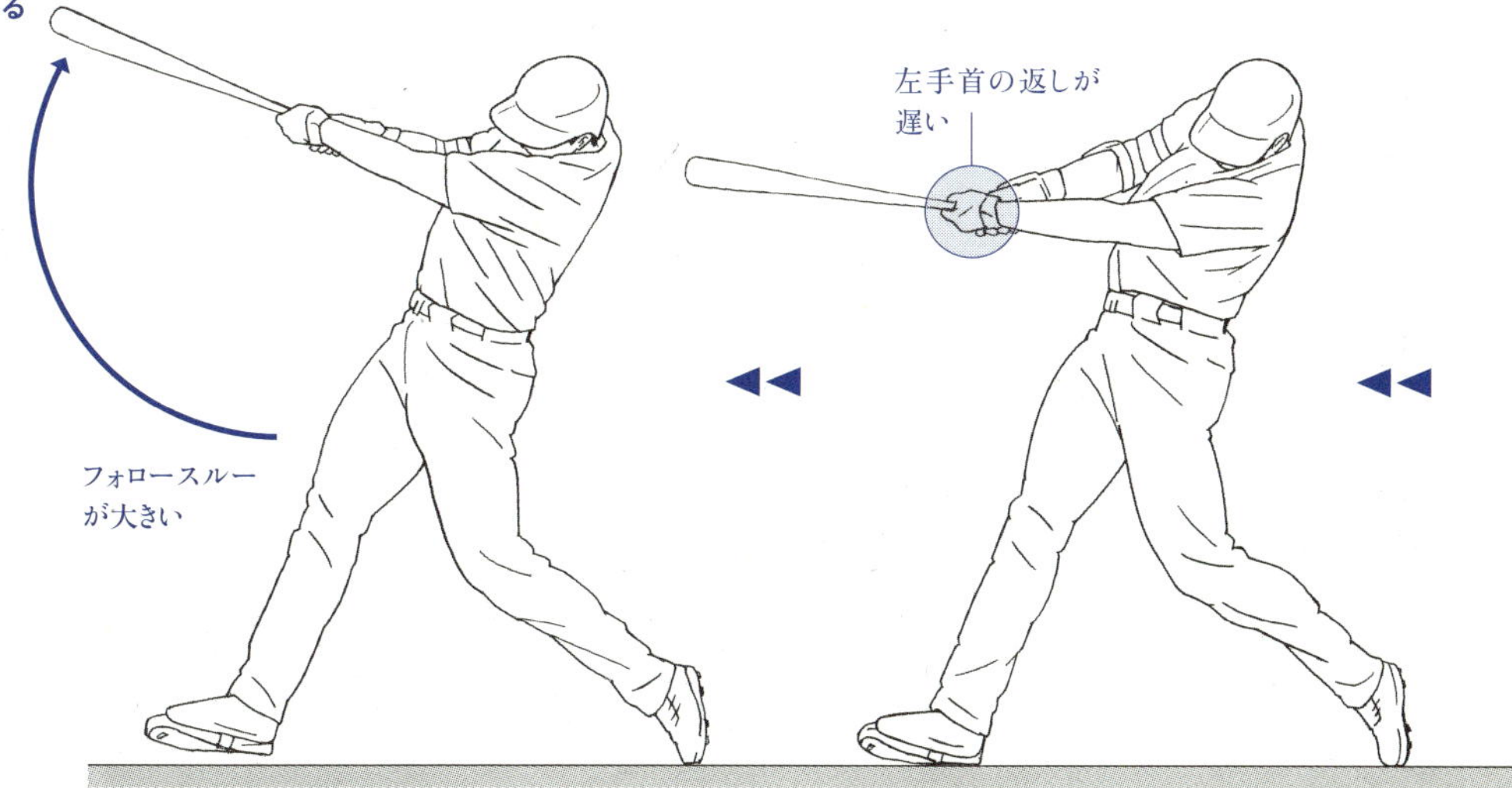

この項目に関連したエクササイズの動画を視聴できます。

ポイント⑭ トウレイズ

ドロップヒール&エルボーイン（50ページを参照）によって右足のかかとで地面を強く押したあと、スイングの後半から右足のつま先を上げて（トウレイズ）、かかとで地面を押し回します。

かかとにはセンサーがあり、ここが刺激を受けると、人間の体で最も大きな筋肉群である殿筋群（お尻の筋肉群）に力が入りやすくなるため、より強く地面を押すことができ、ボールを遠くへ飛ばすことが可能になるのです。

また、トウレイズでスイングすることにより、スイングの幅も大きくなります。

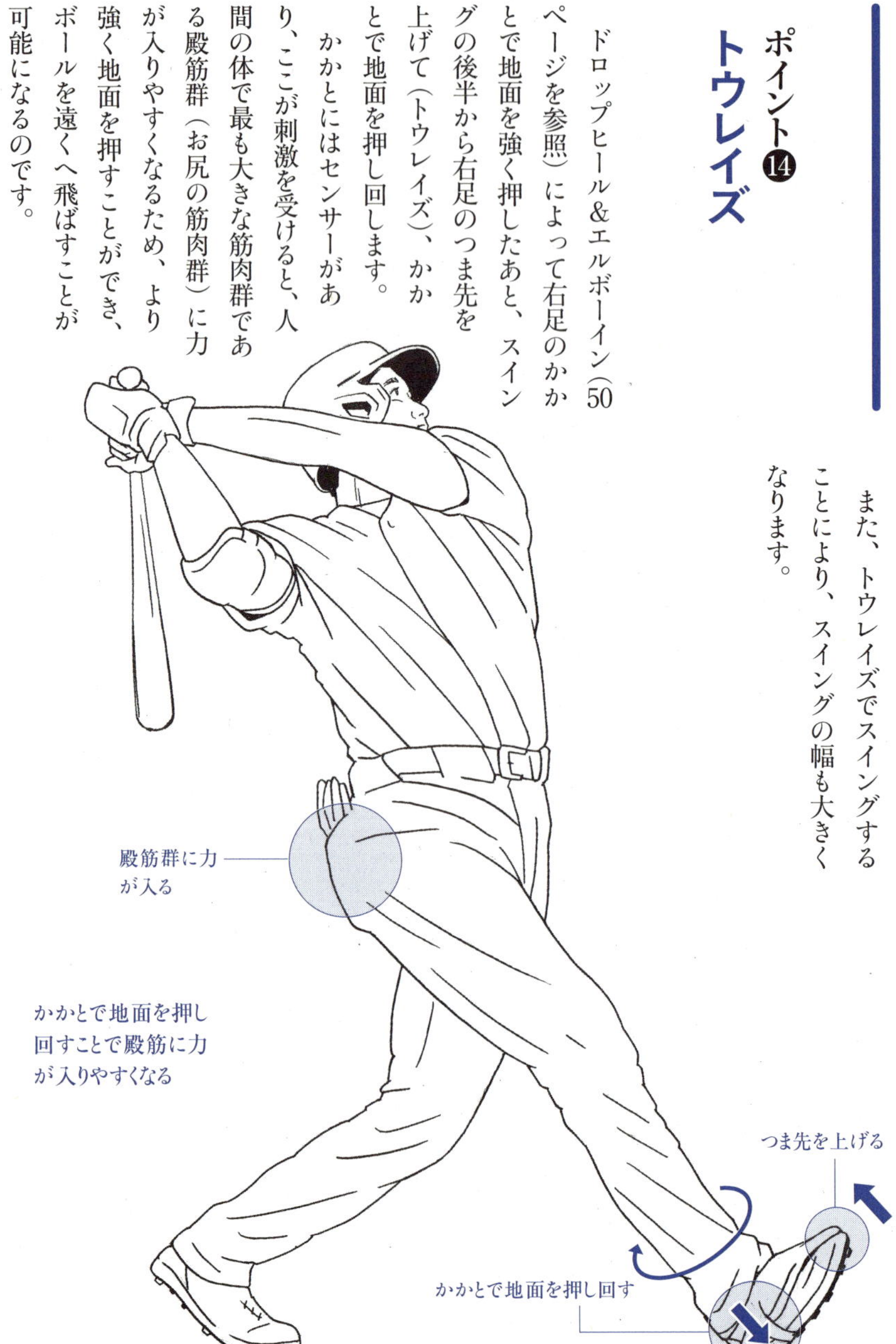

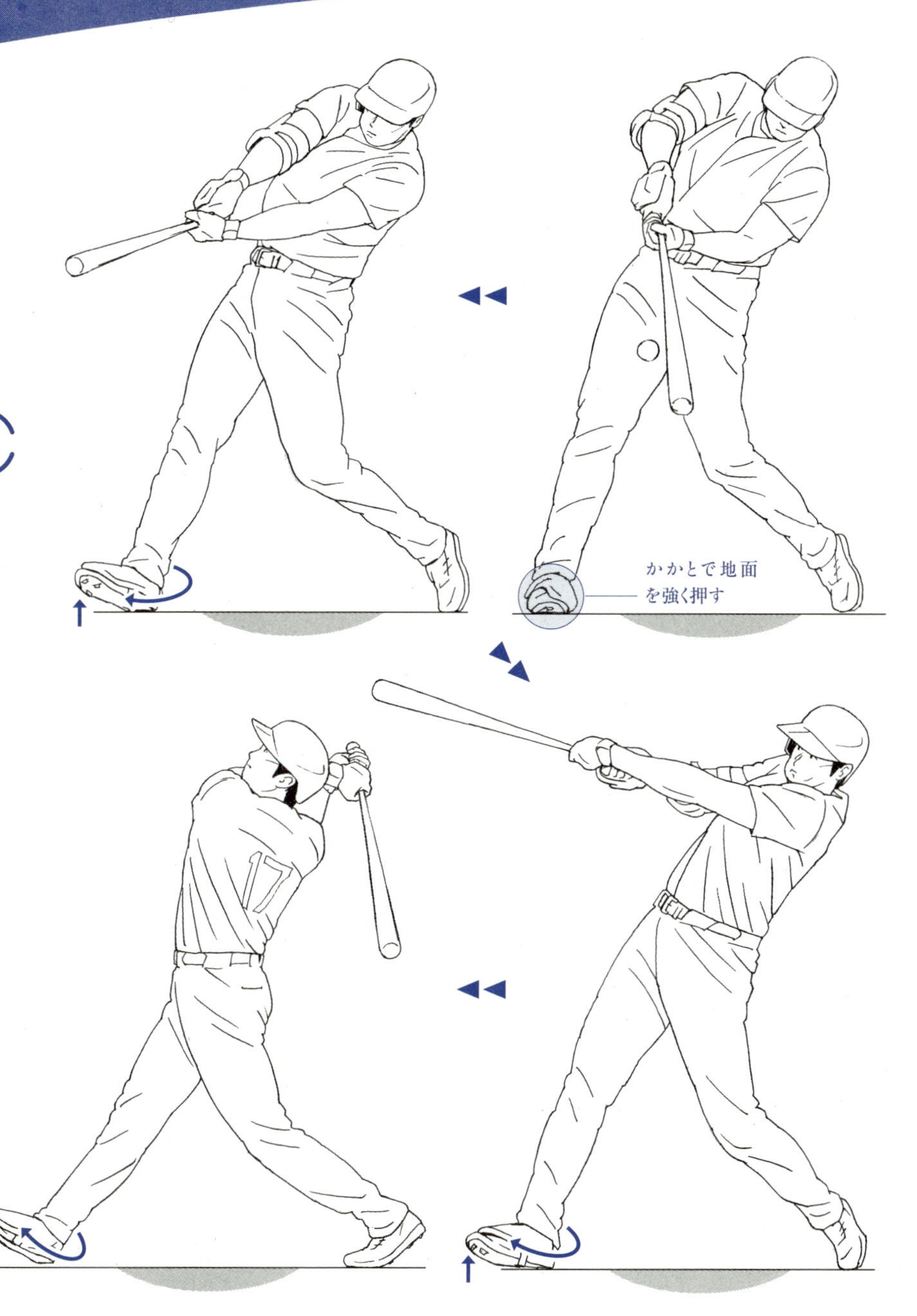

スイングの後半から右足のつま先を上げてかかとで地面を強く押している

この項目に関連したエクササイズの動画を視聴できます。

ポイント⑮ ハイフィニッシュ

大谷選手のバッティングのポイントの最後は、スイングの終わり方です。まるでゴルフのドライバーのように、かち上げているのです。

下のイラストをご覧ください。右は2024年、ドジャースでのフィニッシュです。対して左は2013年、ファイターズ1年めのフィニッシュです。上体ののけぞり方が明らかに違います。

ハイフィニッシュの利点は、背筋(はいきん)

⬆この項目に関連したエクササイズの動画を視聴できます。

を最大限に使ってスイングを終えられることです。

シーズン中にスイングを変えることは困難です。そのため、大谷選手は最初のかまえ（入口）とスイングのフィニッシュ（出口）の形を重要視しているのでしょう。つまり、理想の入り口から理想の出口に向かってフルスイングしようとしているのだと考えられます。

正しいかまえから正しいフィニッシュをめざせば、自ずと正しいスイングになるというわけです。

ファイターズ時代は上体があまりのけぞっていなかった

ステップ足の重心が前方へ移動

軸足の重心が後方へ移動

ファイターズ時代

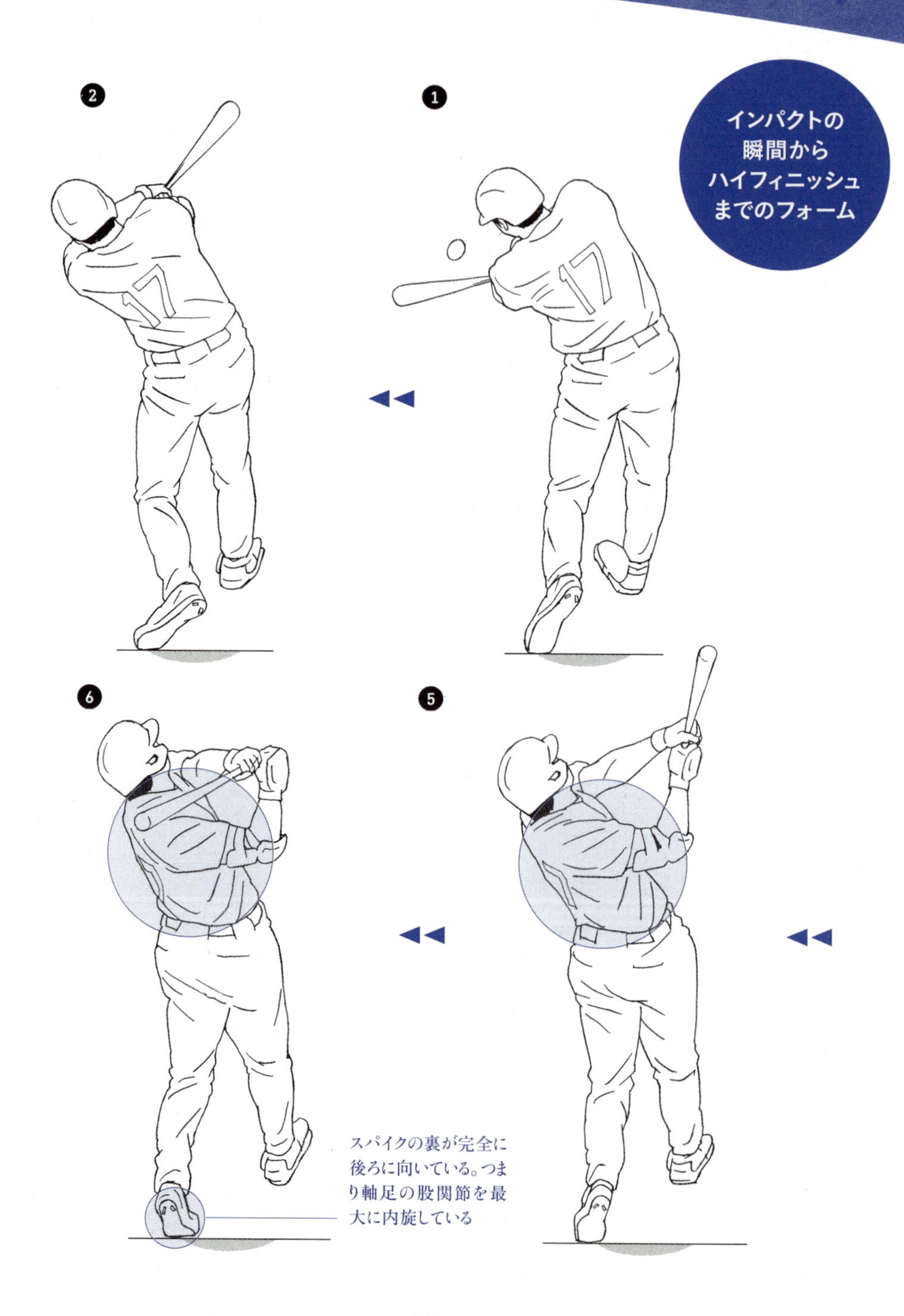
インパクトの
瞬間から
ハイフィニッシュ
までのフォーム
スパイクの裏が完全に
後ろに向いている。つま
り軸足の股関節を最
大に内旋している

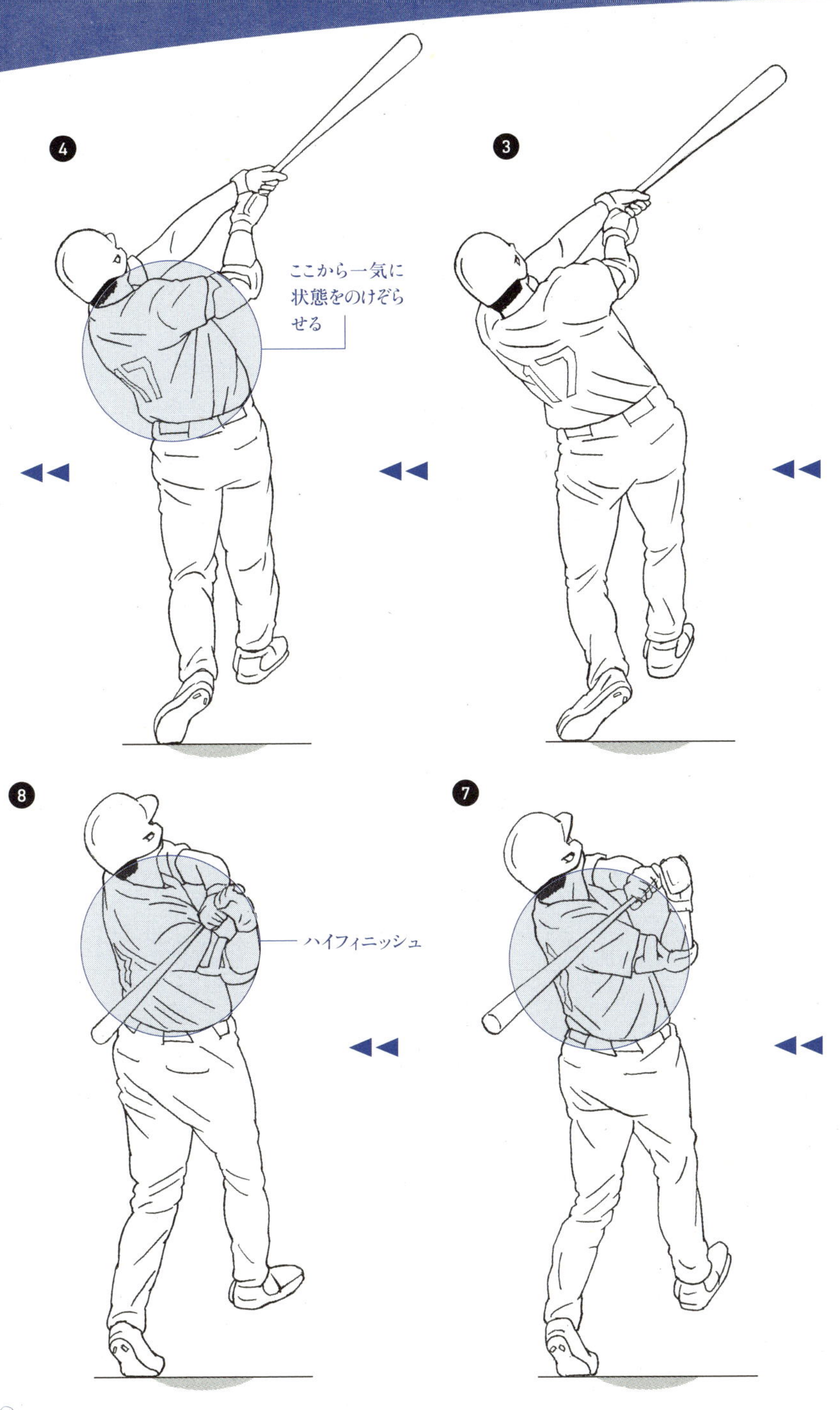
❹
❸
ここから一気に
状態をのけぞら
せる
❽
❼
ハイフィニッシュ

コラム
Column 2

右投げ左打ちはホームランを打つには不利？

下の表は、パ・リーグにおける2000年から2024年までの歴代のホームラン王をまとめたものです。これを見ると、左利きよりも右利きが圧倒的に多いということを考慮しても、右投げ右打ちの打者が27人中19人を占めています。このことから、長打を打つためには、バットを握ったときに利き手がトップハンド（上になる手）になること、つまりトップハンドの押し込む力が強いほうが有利なことがわかります。

一方、スペースの関係で表は掲載していませんが、首位打者は右投げ左打ちの打者が25人中15人と圧倒的に多いという結果が出ています。しかも、1999年以前は、やはり右投げ左打ちのイチロー選手が6年連続で首位打者になっています。首位打者に左打ちが多いのは、1塁ベースが近いのと、打った瞬間に走り出す「当て逃げ」をしがちだからです。

右投げ左打ちの大谷選手は、バットを握ったときに、利き手の右手がボトムハンド（下になる手）になります。それにもかかわらず、なぜこれほど多くのホームランを打てるのでしょうか。

その要因の一つに、彼が右ひじの手術を受けたことがあげられます。ひじのギプスは固定期間が長いため左手を使う機会が多く、また積極的に強化もできたため、結果的にトップハンドで押し込む力が飛躍的にアップしたと推測されます。

パ・リーグ歴代本塁打王（2000～2024年）

年	選手名	本数	投	打	年	選手名	本数	投	打
2024	山川穂高（ソフトバンク）	34	右	右	2011	中村剛也（西武）	48	右	右
2023	ポランコ（ロッテ）	26	左	左	2010	T-岡田（オリックス）	33	左	左
2022	山川穂高（西武）	41	右	右	2009	中村剛也（西武）	48	右	右
2021	杉本裕太郎（オリックス）	32	右	右	2008	中村剛也（西武）	46	右	右
2020	浅村栄斗（楽天）	32	右	右	2007	山崎武司（楽天）	43	右	右
2019	山川穂高（西武）	43	右	右	2006	小笠原道大（日本ハム）	32	右	左
2018	山川穂高（西武）	47	右	右	2005	松中信彦（ソフトバンク）	46	左	左
2017	デスパイネ（ソフトバンク）	35	右	右	2004	松中信彦（ダイエー）	44	左	左
2016	レアード（日本ハム）	39	右	右		セギノール（日本ハム）	44	右	両
2015	中村剛也（西武）	37	右	右	2003	ローズ（近鉄）	51	左	左
2014	メヒア（西武）	34	右	右	2002	カブレラ（西武）	55	右	右
	中村剛也（西武）	34	右	右	2001	ローズ（近鉄）	55	左	左
2013	アブレイユ（日本ハム）	31	右	右	2000	中村紀洋（近鉄）	39	右	右
2012	中村剛也（西武）	27	右	右					

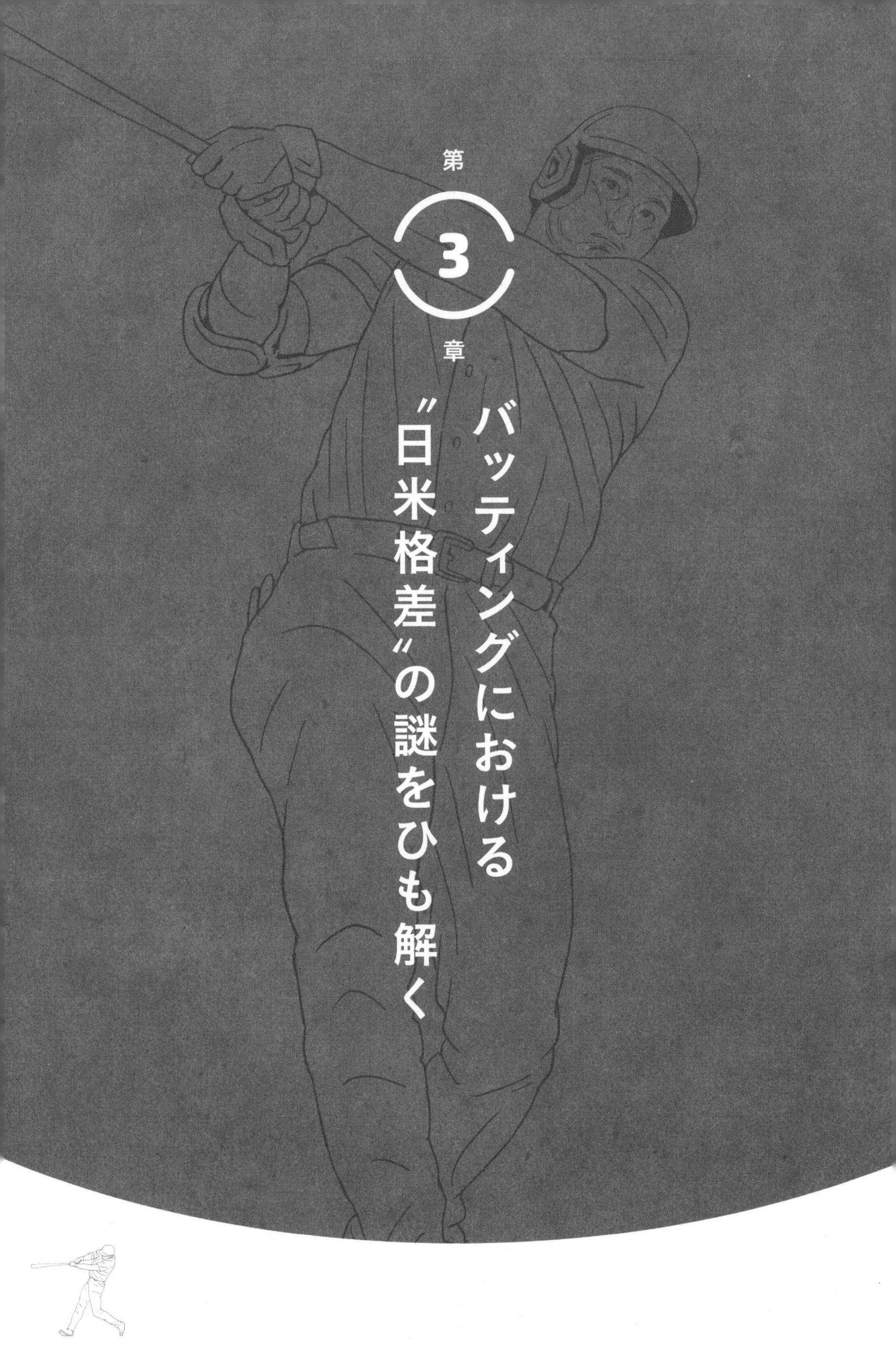

第3章 バッティングにおける〝日米格差〟の謎をひも解く

勝利至上主義と楽しさ優先の違い

本章では、大谷翔平(おおたにしょうへい)選手のバッティングをさらに深掘りし、日本と米国のバッティング理論の違いを解説します。

第2章でもふれたように、日本では「わきを締めてボールに対して最短距離でバットを出す」という指導が主流となっています。

このような打ち方をすると、打球の速度や飛距離は出ないものの、スイングの距離が短くなり、ミート率がやや上がって、状況に応じたバッティングがしやすくなります。つまり、選手を伸ばすことよりも、チー

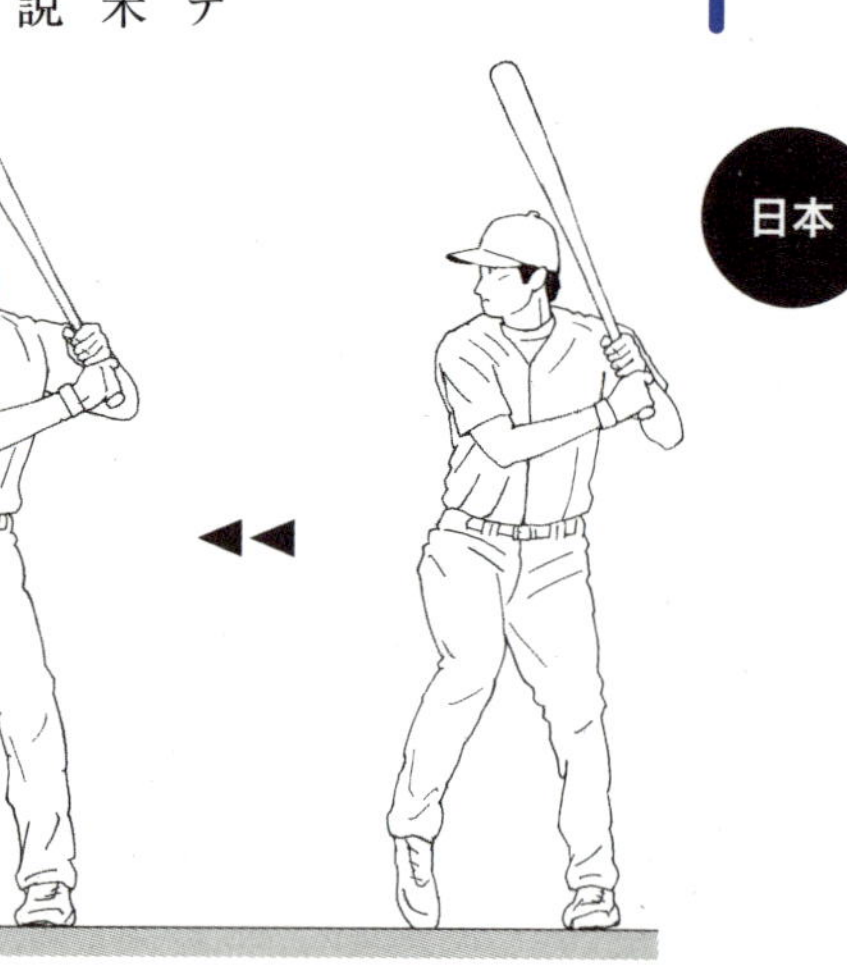

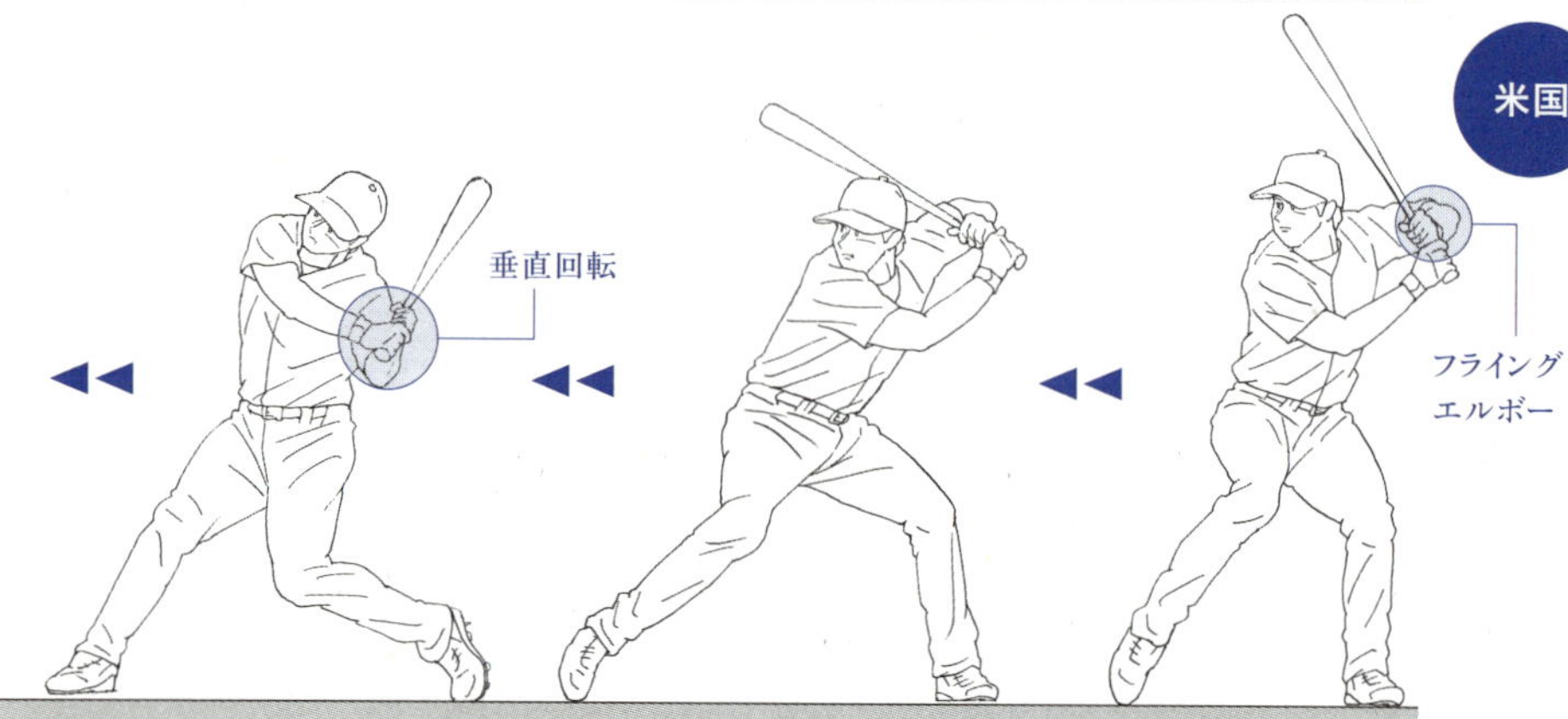

ムの勝利を優先させたバッティングがよしとされているわけです。

これに対して米国では、基本的に「全員がホームランを打てる」という考え方が主流です。野球本来の楽しさである「ボールを遠くへかっ飛ばす快感」を大切にしているのです。

この日米の考え方の違いは、どちらが正しくて、どちらが間違っているとはいえません。しかし、どちらが楽しいか、どちらが選手の将来性を考えているかといえば、いわずもがなでしょう。

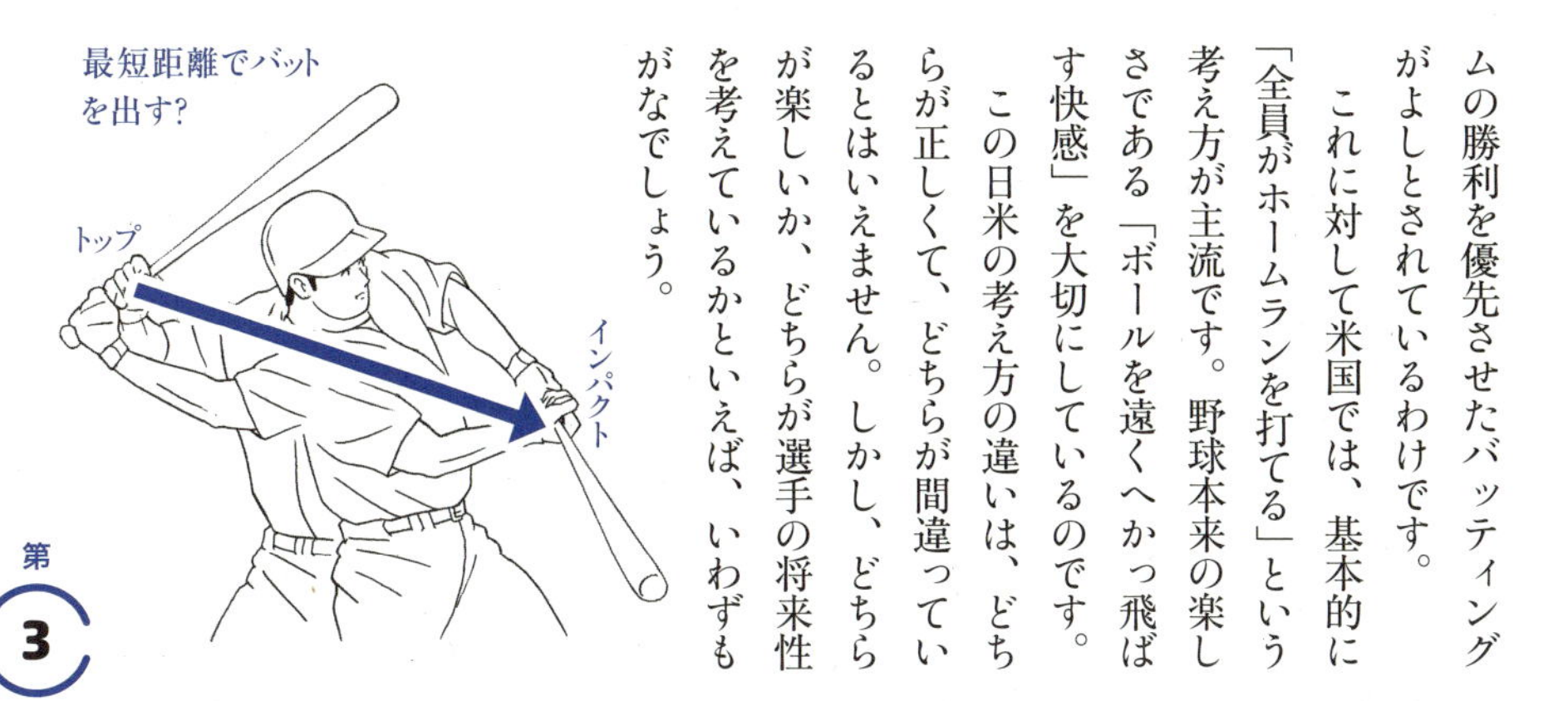

日本特有の「わきを締めてボールに対して最短距離でバットを出す」フォーム

振り幅が小さい

米国で主流の「ボールを遠くへ飛ばす」ためのフォーム

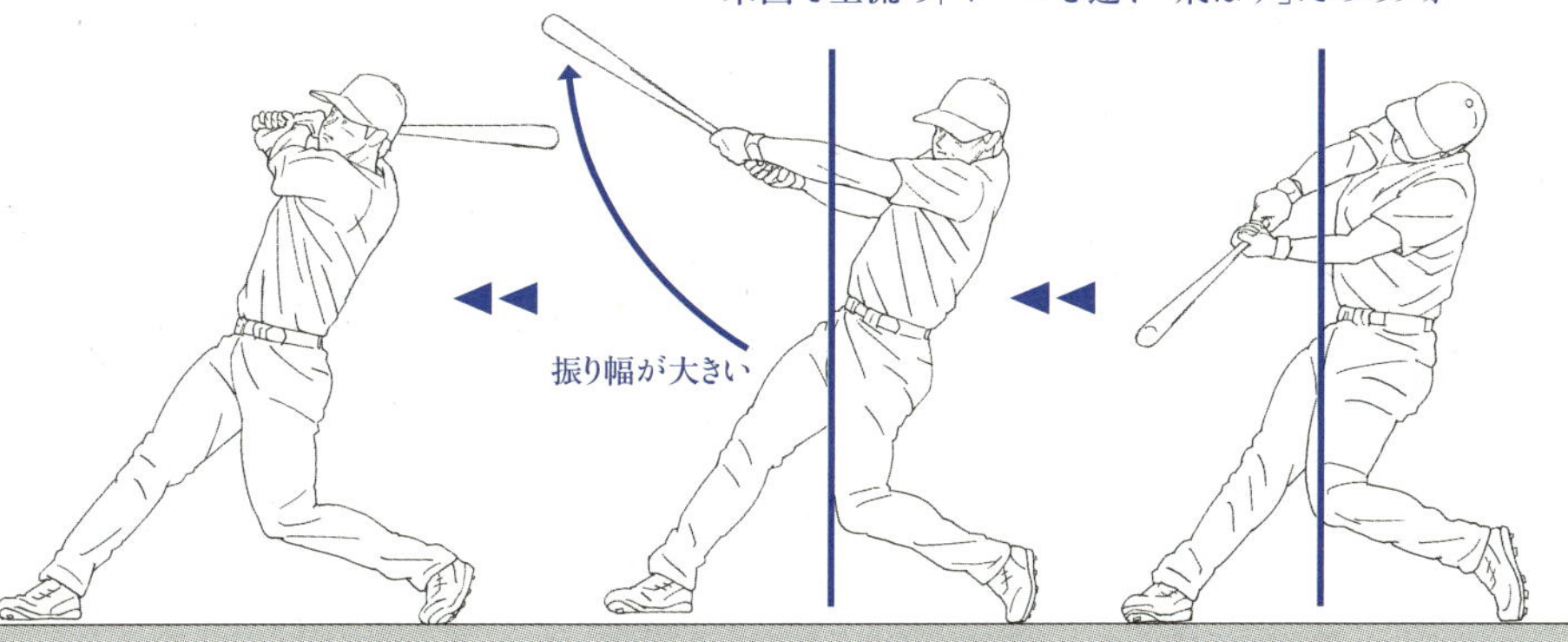

体重を軸足にかけてバットを走らせる。つまり、スイングの後半に上体を後方へ、バットは前方へと移動するので、結果的にスイングスピードが増す

打者には タイプがある

私は、すべての打者が必ずホームランを狙うべきだと考えているわけではありません。なぜなら、打者にはタイプがあるからです。

打者は、大きく三つのタイプに分けられます。出塁率が高くて盗塁やチームバッティングなどの細かいプレーができるS（スピード&テクニック）タイプ、一発長打を秘めたP（パワー&ビッグフライ）タイプ、両者の中間のM（マルチ）タイプです。ちなみに、通常は圧倒的にMタイ

打者の四つのタイプ

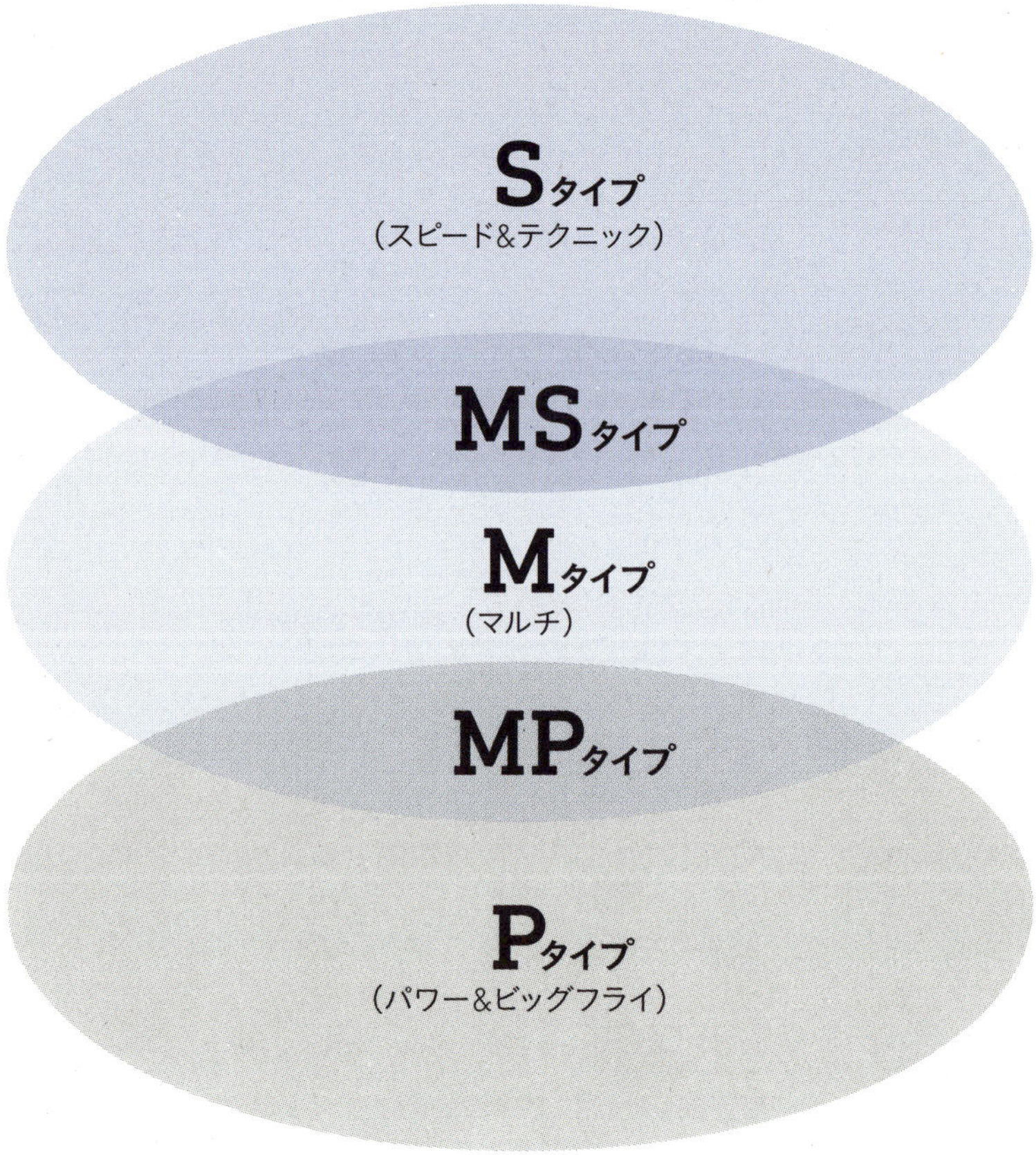

Sタイプ
（スピード&テクニック）

MSタイプ

Mタイプ
（マルチ）

MPタイプ

Pタイプ
（パワー&ビッグフライ）

プが多いものです。

十人十色（じゅうにんといろ）のことばどおり、その選手に合ったバッティングをするべきでしょう。したがって、日本の多くのチームに見られるように、メンバー全員が同じバッティングフォームで打つことは無意味としかいいようがありません。

なお、近年の野球ではOPSが重要視されています。OPSとは、打撃指標数（On Plus Slugging）の略で、「出塁率＋長打率」によって、選手がチームの得点にどれくらい貢献できているかを数字で表したものです。OPSのデータが出だした2011年ごろから、日米のプロ球界でも、OPSの高い順にチームの順位が決まっています。

OPSの算出法

OPS ＝ **出塁率** ＋ **長打率**

出塁率
＝
（安打数＋四死球数）÷（打数＋四死球数＋犠飛数）

長打率
＝
塁打数÷打数

2024年シーズンの大谷選手は

出塁率：（197＋87）÷（636＋87＋5）＝.390 **リーグ1位** 

長打率：411÷636＝.646 **リーグ1位**

OPS：.390＋.646＝1.036 **リーグ1位**

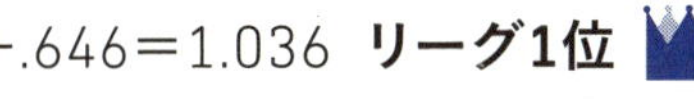

3種類のスイング

打者のスイングは、ボールを上からたたくダウンスイング、地面と水平の軌道を描くレベルスイング、ボールを下からすくい上げるアッパースイングの3種類に大別されます。

日本では、この3種類のスイングのなかで、レベルスイングがボールをミートする確率が最も高いといわれ、多くの選手が実践しています。

また、ゴロを打って走者を進めるようなチームバッティングのために、ダウンスイングを推奨する指導者も散見されます。

一方、アッパースイングはミートできる確率が低く、仮にミートしてもフライになる確率が高いため、最もよくないスイングとされています。試合や練習で「フライは打つな、ゴロを打て！」と注意されるのは、このためです。

果たして、この考え方は正しいのでしょうか。

この点について、次項から科学的な観点に立って分析してみましょう。

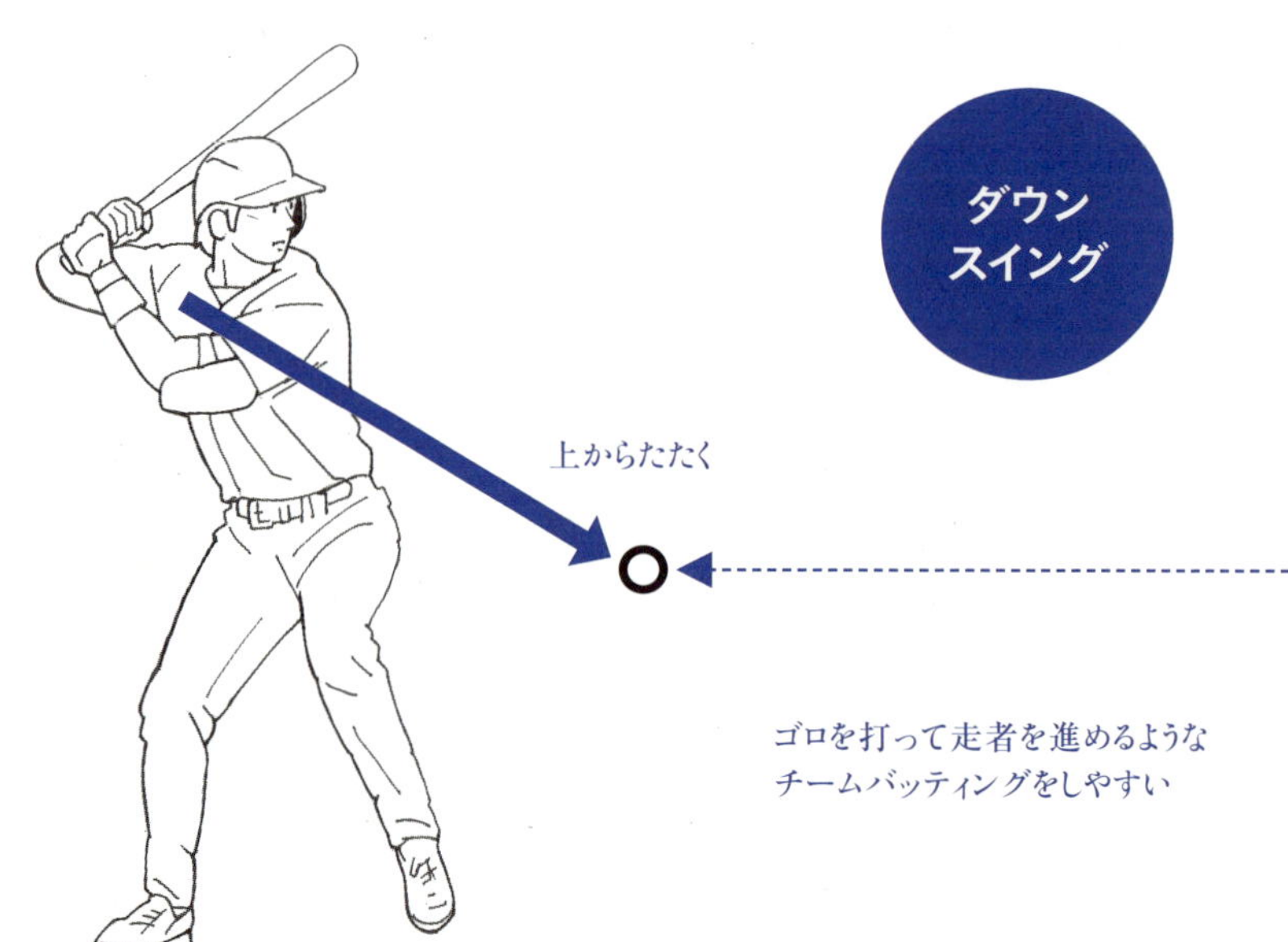

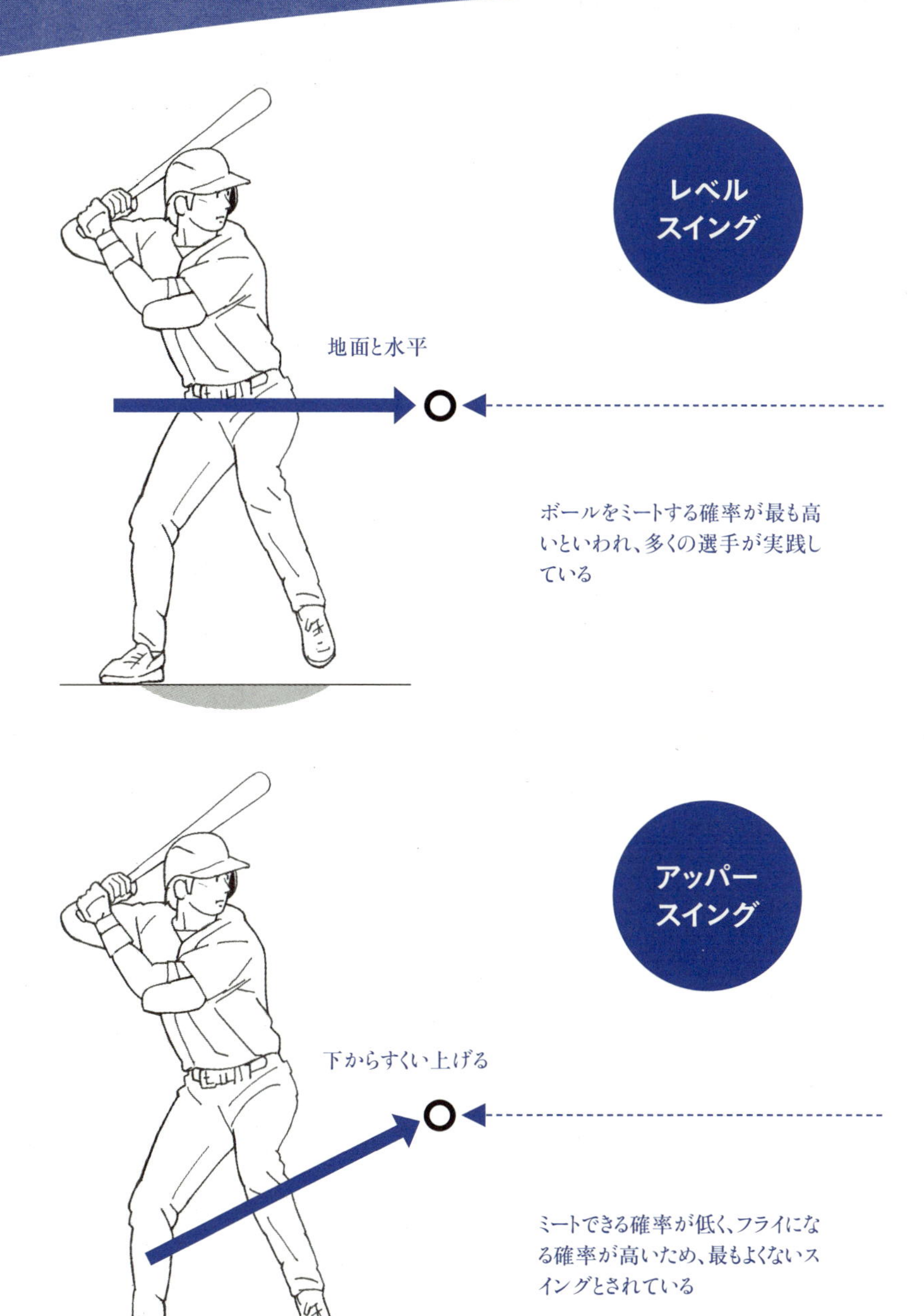
レベル
スイング
地面と水平
ボールをミートする確率が最も高いといわれ、多くの選手が実践している
アッパー
スイング
下からすくい上げる
ミートできる確率が低く、フライになる確率が高いため、最もよくないスイングとされている

投手の投げるボールには必ず入射角がある

投手の投げたボールの軌道と、打者がスイングしたバットの軌道が一致したときに、ミートの確率が最も高くなります。そのため、日本では地面に対して水平にバットを振るレベルスイングが最もミートの確率が高いスイングとされているのでしょう。

しかし、そこには大きな見落としがあります。投手の投げるボールには、

必ず入射角があるという事実です。

たとえ初速が時速150キロの豪速球であっても、重力の影響を受けて、ホームベースを通過するまでに速度が落ちるため、ボールの軌道も落ちてくるのです。

そのうえ、投手は10インチ（約25・4センチ）の高さのあるマウンドから投げるため、地面と水平の軌道を描くことはあり得ません。

時速150キロの速球の場合、5度くらいの角度で落ちることが判明しています。

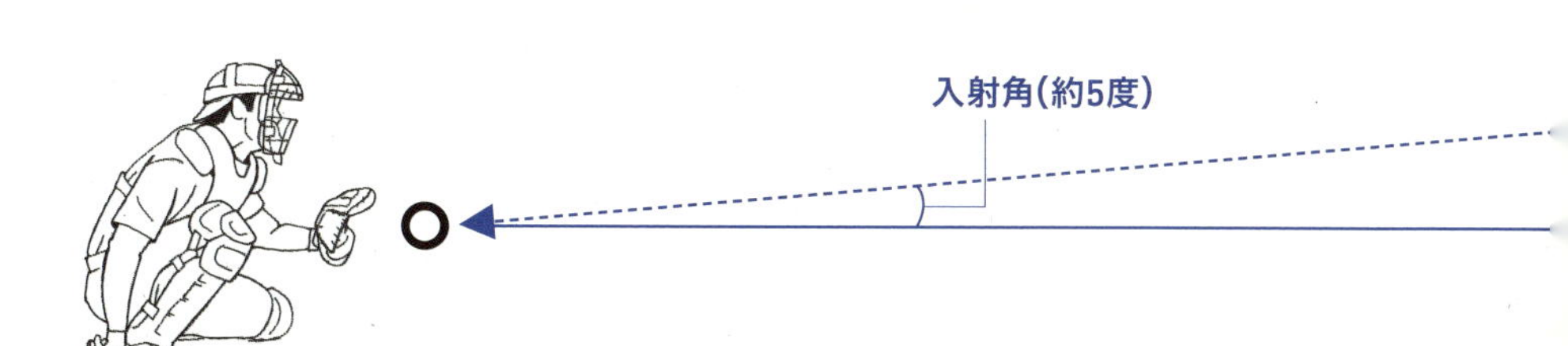

時速150キロの速球でも5度くらいの角度で落ちてくるため投手の投げたボールが地面と水平の軌道を描くことはあり得ない

最も
ミートの
確率の高い
スイングとは

それでは、最もミートする確率が高いスイングはどれなのでしょうか。

投手の投げるボールに入射角がある以上、レベルスイングではボールとスイングの軌道が一致しないのは明らかです。また、ダウンスイングで上からたたきにいったら、落ちていくボールを追いかけることになるので、当

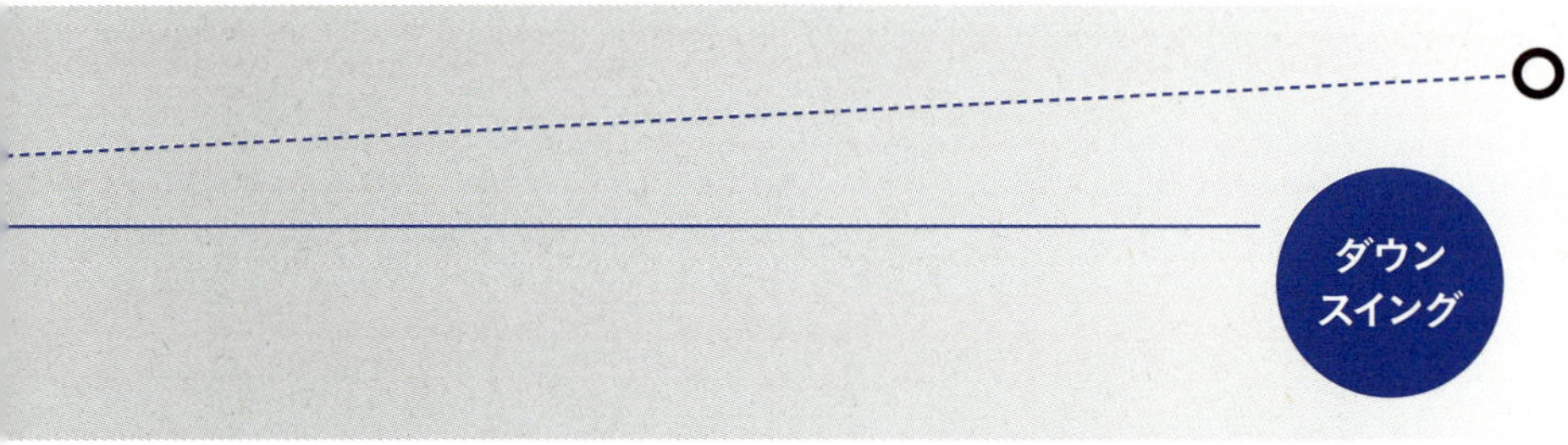

ダウン
スイング

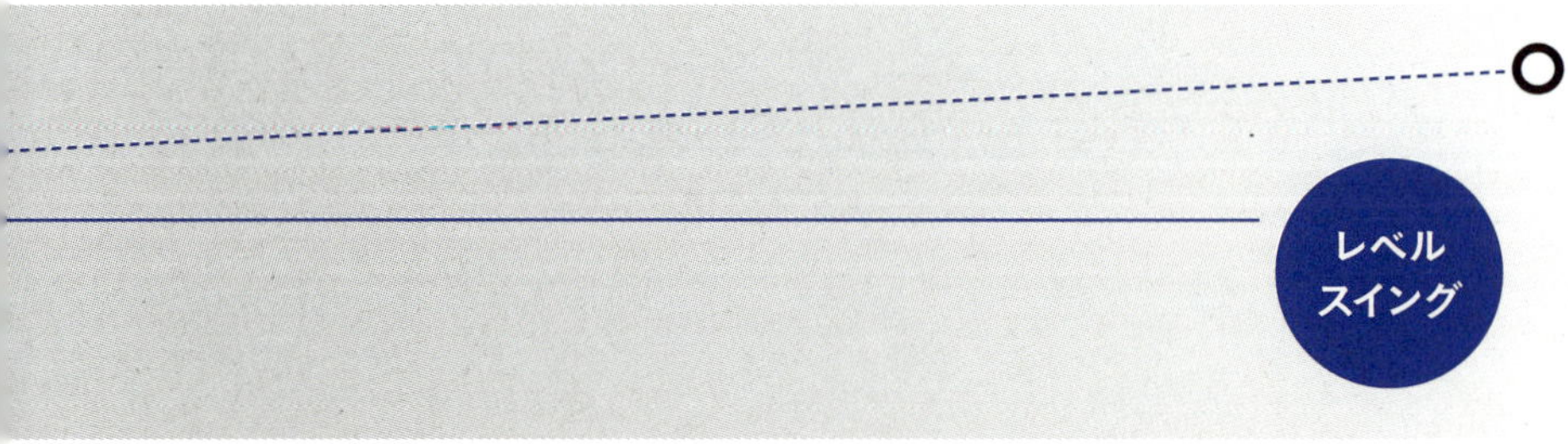

レベル
スイング

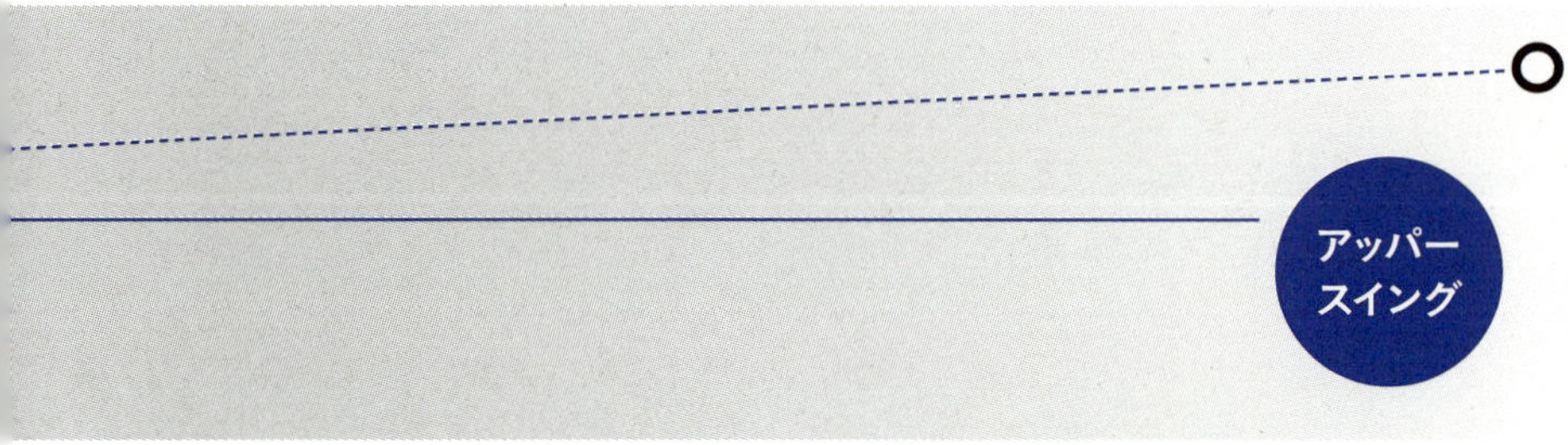

アッパー
スイング

然、ミートの確率は低くなり、ゴロが多くなります。

　ということは、ボールの軌道に対して水平なスイング、すなわち、ゆるやかなアッパースイングが最もミートの確率の高いスイングということになります。

　往年の4割打者であるテッド・ウィリアムズ（元レッドソックス）は「いちばんヒットを打てるのは、ゆるやかなアッパースイング」と述べています。

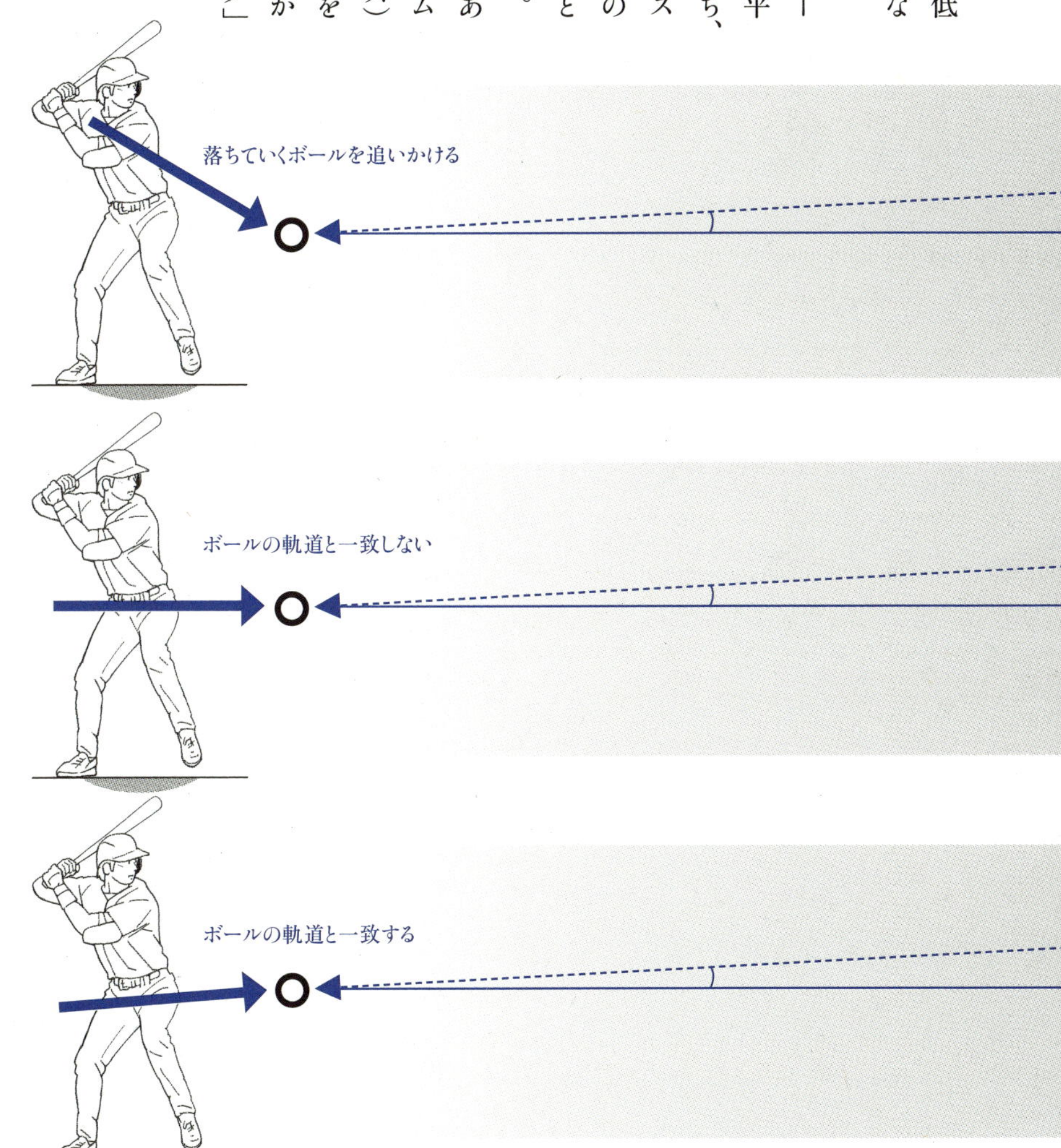

ボールの軌道に対して水平になるゆるやかなアッパースイングが最もミートの確率が高い

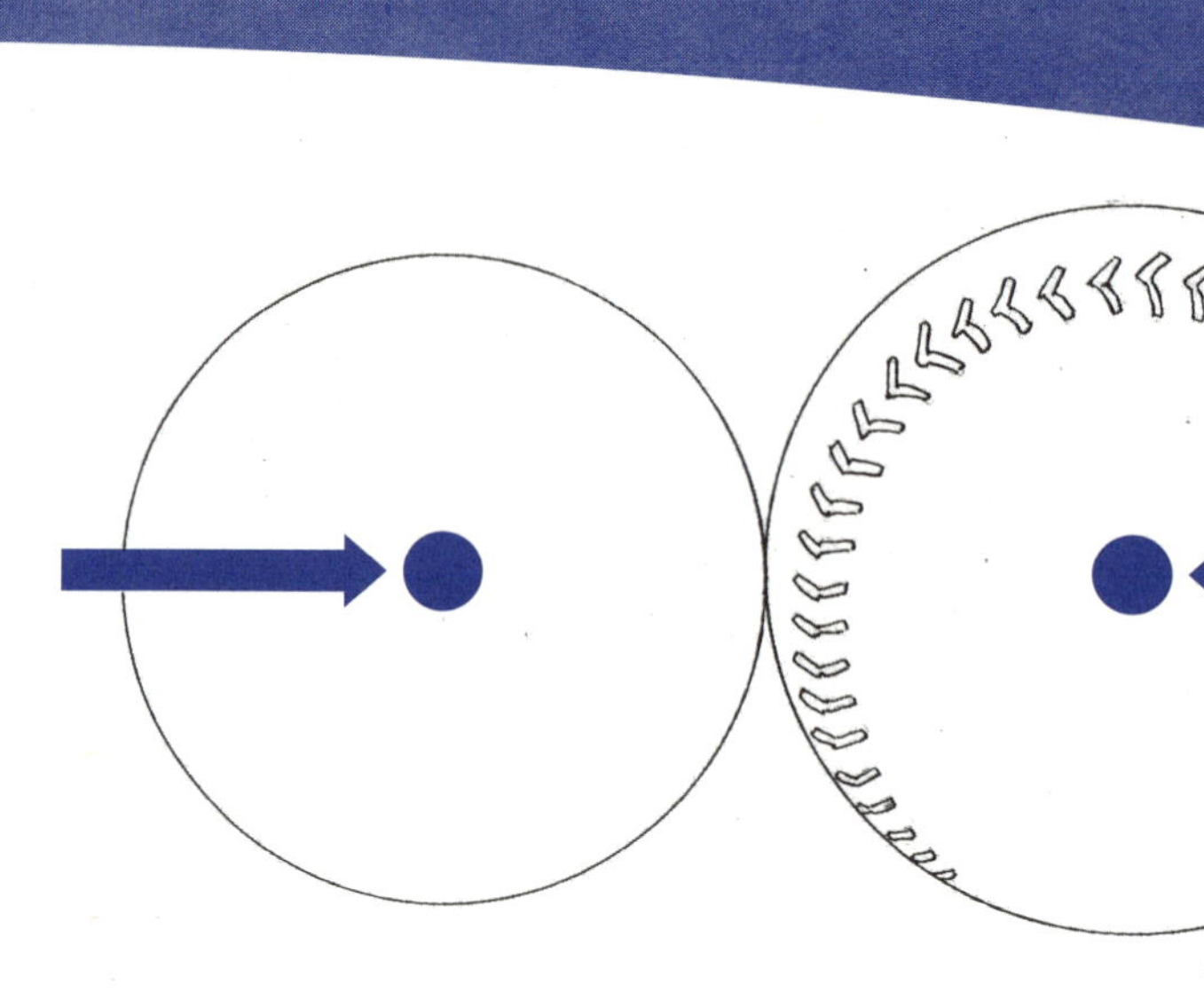

この項目に関連したエクササイズの動画を視聴できます。

最も飛距離の出る角度とは

投手の投げたボールの軌道と、打者がスイングしたバットの軌道が一致すると、ミートの確率が最も高くなるだけでなく、打球速度が最高に達することも確かめられています。

それでは、ボールに対して、どのくらいの角度でミートすれば、最も遠くへ打球を飛ばすことができるのでしょうか。

これに関しては、ボールの芯の6ミリ下をバットの芯がミートしたとき、具体的には19度の角度のアッパースイングでミートしたときということが、科学的に証明されています。

この角度でミートすると、打球にバックスピンがかかり、より遠くへボールを飛ばすことができるのです。

ストレート（カットボールなどのストレート系の変化球も含む）の速度の平均値で見ると、時速150キロのMLB（メジャーリーグベースボール）では5度の角度のアッパースイングが、時速143・2キロのNPB（日本野球機構）では6〜10度の角度のアッパースイングが最も飛距離の出ることがわかっています。

この両者の数字に前述の19度の角度を加味すると、5〜20度の角度のアッパースイングが理想のスイングという結論に達します。

ちなみに、大谷選手のスイングは15〜20度の角度のアッパースイングです。

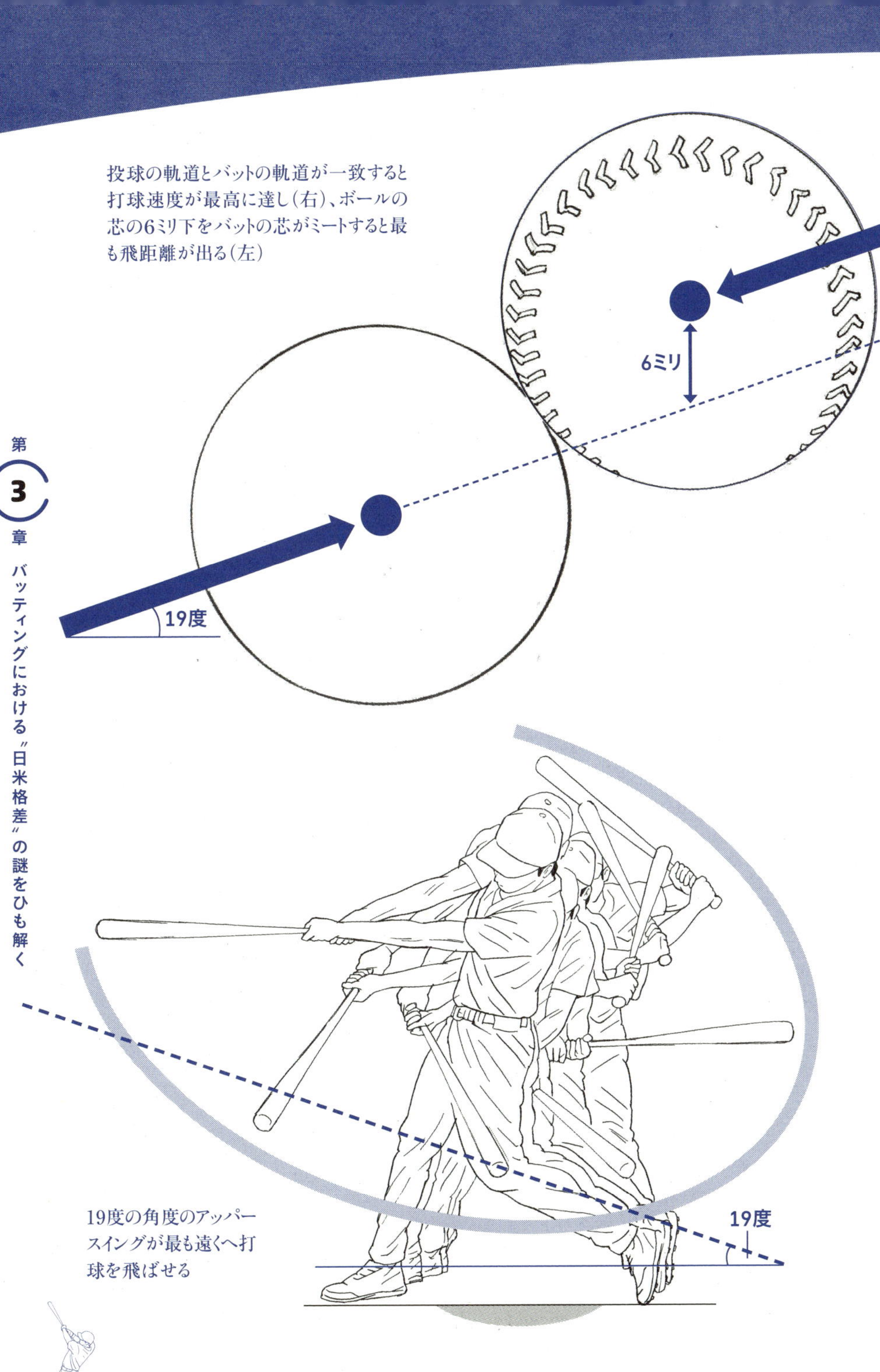

投球の軌道とバットの軌道が一致すると打球速度が最高に達し（右）、ボールの芯の6ミリ下をバットの芯がミートすると最も飛距離が出る（左）

19度の角度のアッパースイングが最も遠くへ打球を飛ばせる

実験で明らかになったミートポイントまでの最短距離

76ページで、日本ではボールに対して最短距離でバットを出す指導が主流となっていると述べました。それでは、3種類のうちどのスイングが最も早くミートポイントに到達するのでしょうか。この実験結果を紹介しましょう。

実験では、以下の4種類の下り坂を作り、それぞれのA地点からボールをころがして、どれが最も早くB地点に到達するかを調べました。

❶B地点まで最短距離の直線の坂道
❷スキーのジャンプ台のような曲線

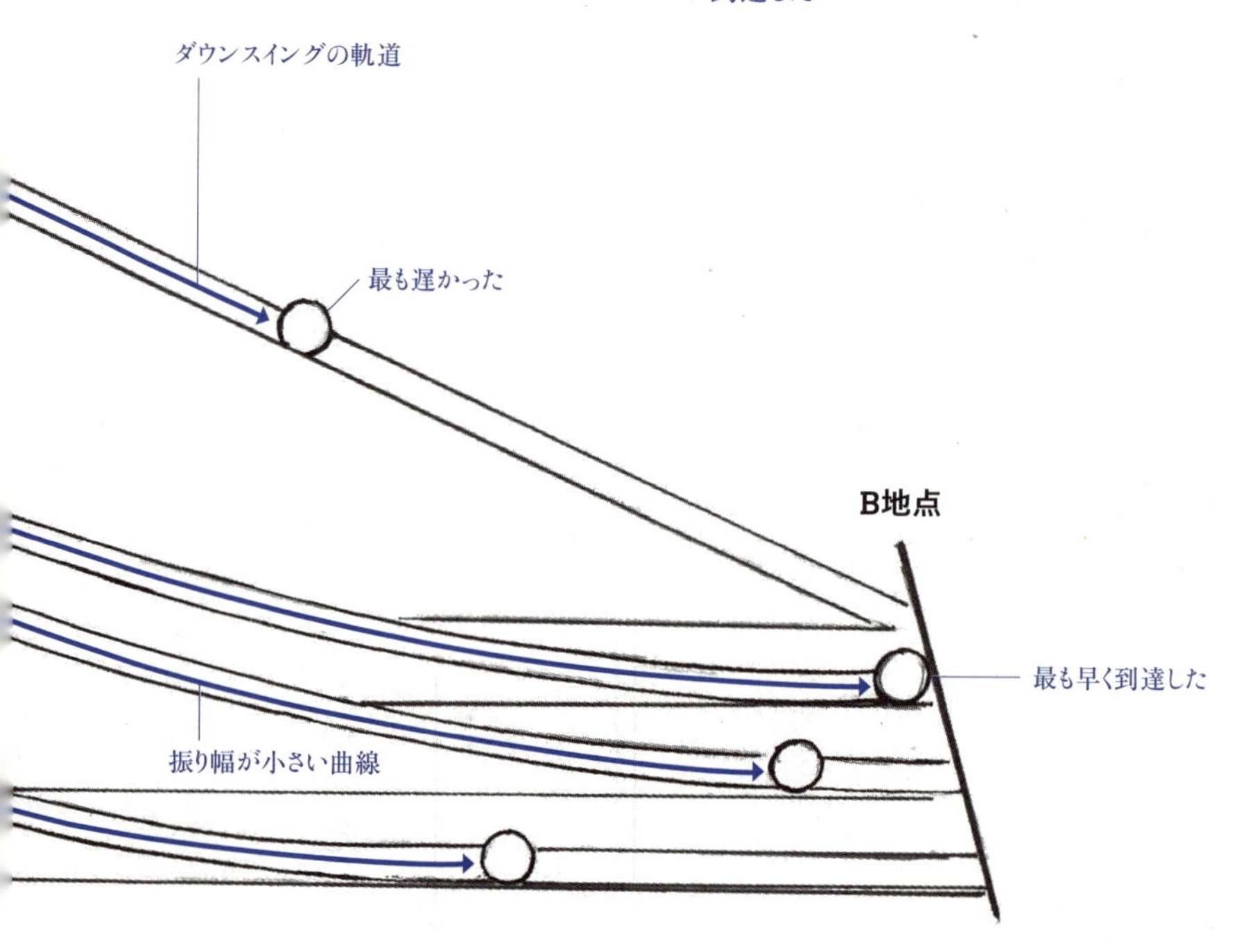

の坂道

❸①②の半分の距離のゆるい曲線の坂道

❹L字に近い深い曲線の坂道

結果は、②③④①の順でした。②の曲線は「サイクロイド曲線」といって、物理学的に最も早く到達することが証明されています。

②~④の曲線の軌道は、アッパースイングの軌道と一致します。これは、重力が真下に作用しているためです。ただし、振り幅が小さかったり、曲線の軌道が極端に大きかったりすると、到達までに時間がかかってしまいます。

なお、日本で主流となっているスイングの軌道である①は、なんと最下位でした。

ナイキのマークのように打て！

以上のことから、アッパースイングこそが最もミートの確率が高く、最も遠くへ打球を飛ばすことのできるスイングという結論が導かれます。

それでは、具体的にどのようなアッパースイングが理想のスイングといえるのでしょうか。

米国では、「ナイキのスウッシュマークのように打て」といわれています。

スポーツブランドのナイキのロゴマークであるスウッシュマーク。勝利の女神ニーケーの翼をデザインしたといわれるマークを目にしたことのある人は多いでしょう。このマークのような軌道のスイングが理想とされているのです。

右打者なら1塁側から見たときの軌道に、左打ちの大谷選手の場合は背中側から見た軌道がスウッシュマークと重なります。

つまり、スイングの最初の⅓は垂直回転を行い、そこからアッパースイングに移行すると、スウッシュマークと同じようなサイクロイド曲線（くわしくは88ページを参照）を描くことになるのです。

ダウンスイングがボールを点でとらえるのに対して、アッパースイングがボールを面でとらえることができるのは、バットがこうした軌道を描くからです。

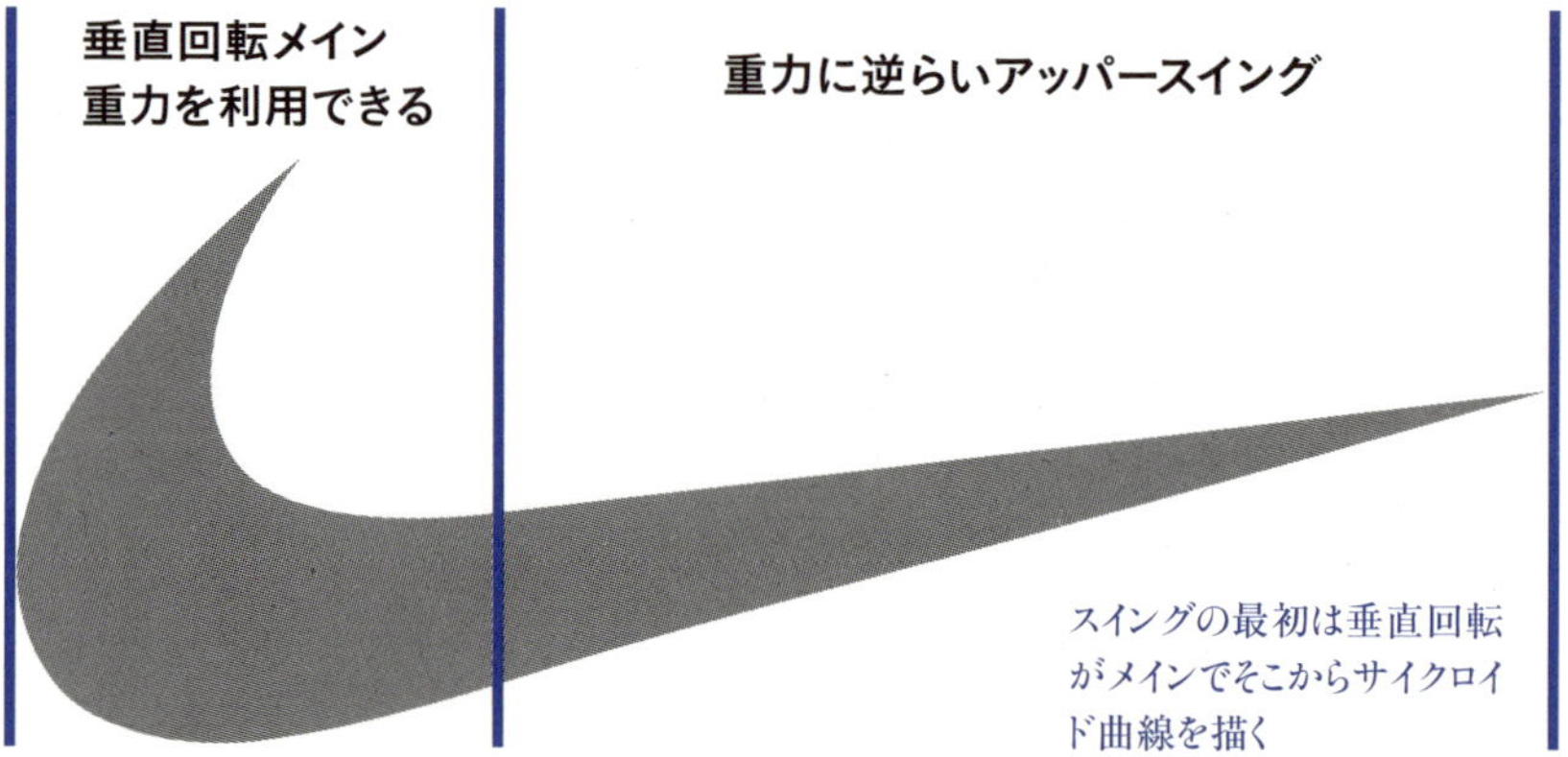

スイングの最初は垂直回転がメインでそこからサイクロイド曲線を描く

大谷選手のスイングの軌道

(MLB.COM「Gameday」より改変して引用)

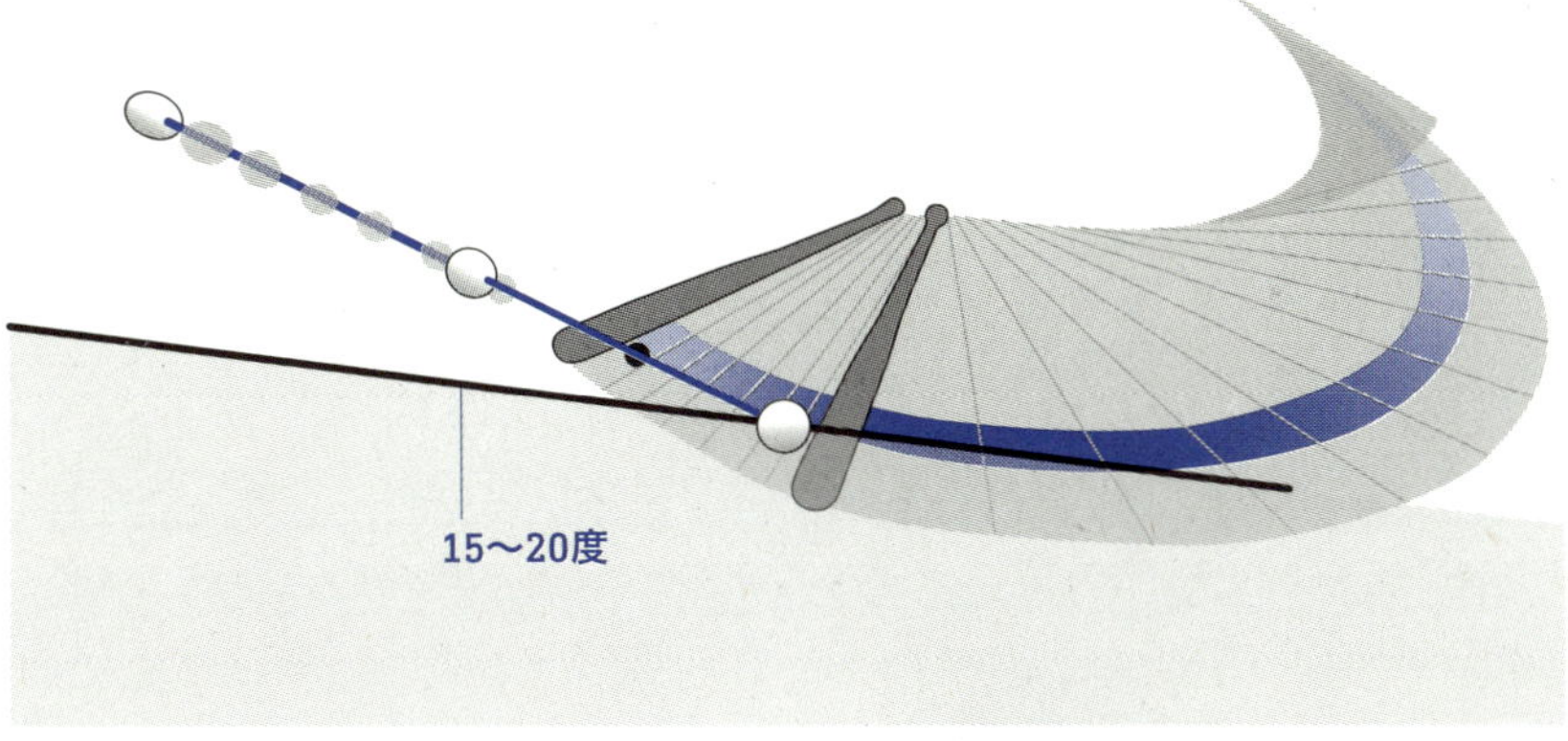

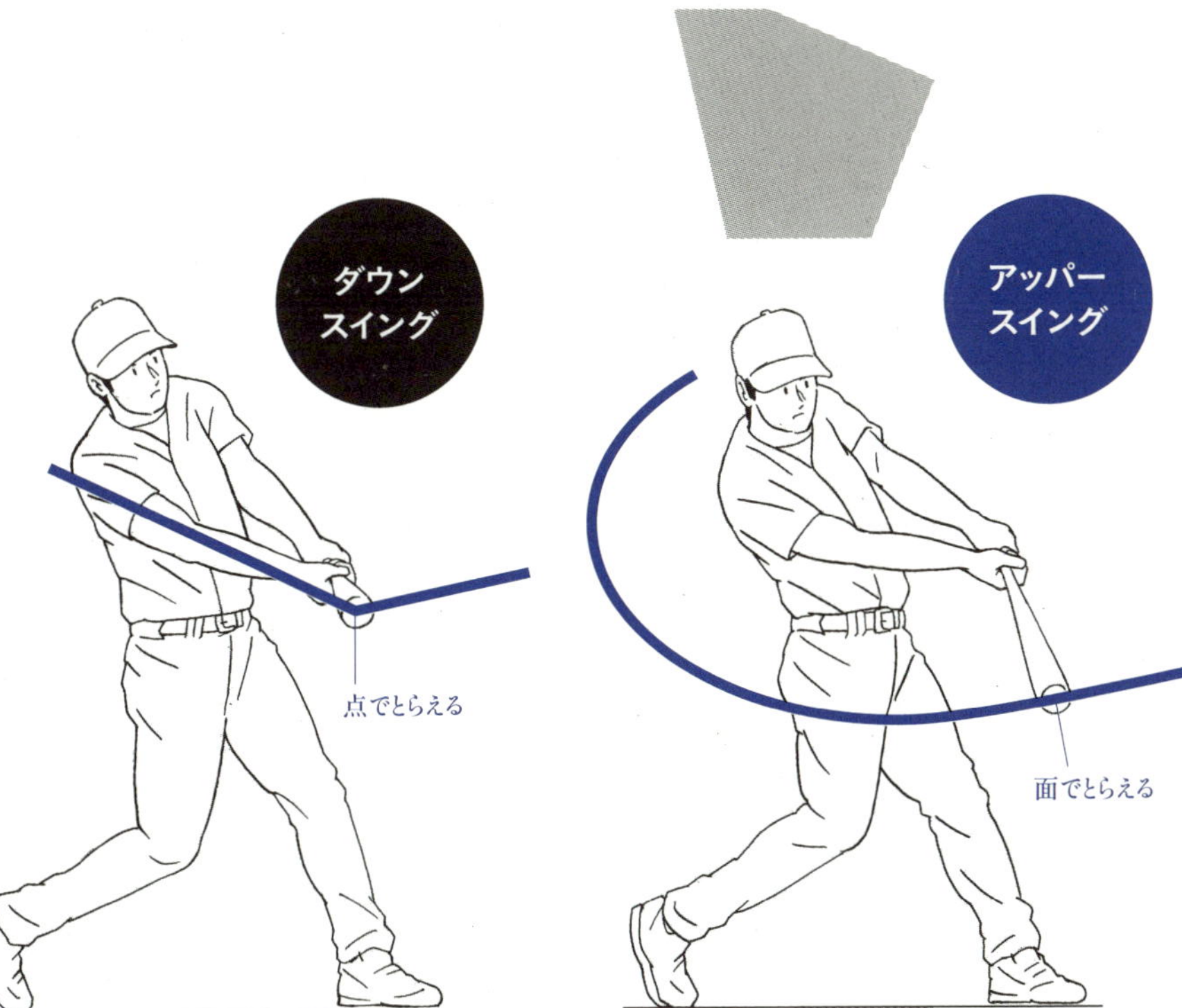

ダウンスイング(左)はボールを点でとらえるのに対して、アッパースイング(右)は面でとらえる

アッパースイングのカギを握る「側屈」という動き

主運動を水平回転から垂直回転に切り替えるときに重要なのが、40ページで紹介した「側屈（体を側方に曲げること）」という体の使い方です。

左打ちの大谷選手の場合、かまえからステップ時まで、右肩と右腰が近づいた状態をつくり、そこからさらに逆側に側屈して、左肩を落として右肩を上げ、垂直回転に移行するのです。

側屈をせずに、両肩を水平回転した状態からアッパースイングをすると、バットが体から離れて、力強いアスイングができません。これが、ア

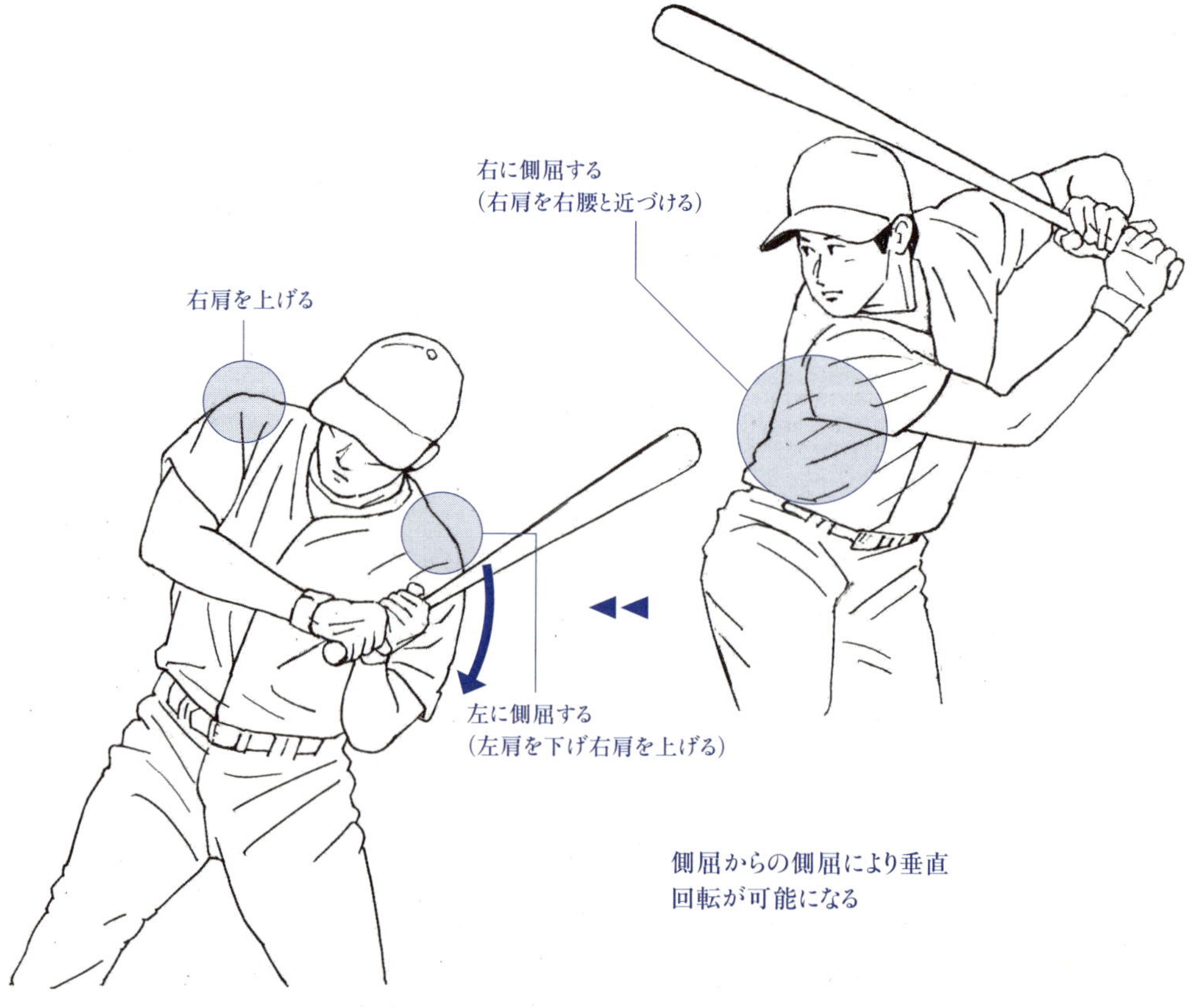

右に側屈する
（右肩を右腰と近づける）

右肩を上げる

左に側屈する
（左肩を下げ右肩を上げる）

側屈からの側屈により垂直
回転が可能になる

ッパースイングにして失敗する原因です。

左肩を落として右肩を上げる垂直回転からのアッパースイングならば、体からバットが離れることがなく、力強いスイングができます。

体から近いところで腕相撲をすると力が入り、体から遠いところですると力が入らないのと同じ理屈です。

大切なのは、水平回転メインを垂直回転メインに変えた結果、アッパースイングになることです。

水平回転

水平回転からのアッパースイング(上)はバットが体から離れるが、垂直回転からのアッパースイング(下)は力強く振れる

垂直回転

垂直回転でスイングを開始すれば、ボールの軌道にバットを早めに入れることができる。ボールの軌道とバットの軌道が長くなると、タイミングがやや遅くなってもレフト方向へ、やや早くなってもライト方向へ、タイミングが合えばセンター方向へ強い打球を飛ばすことができる

Column 3 コラム

2024年の大谷選手のホームランはどの打球角度がいちばん多かった？

86ページで、5〜20度の角度のアッパースイングが最も打球の飛距離が出やすく、大谷選手のスイングは15〜20度のアッパースイングであると述べました。

それでは、実際に、大谷選手が放ったホームランはどのくらいの打球角度を描いているのでしょうか。2024年シーズンに放った54本のホームランからデータを分析してみましょう。

下の表は、打球角度別のホームランの数をまとめたものです。これを見ると、27度と32度が各5本と最も多く、次いで24度・34度・35度が各4本となっており、全体的には32〜37度の範囲が最も多いことがわかります。

つまり、15〜20度のアッパースイングでボールをとらえ、32〜37度の打球角度を描いたときが最もホームランが出やすいわけです。

「わきを締めてボールに対して最短距離でバットを出せ」という考えを信じて疑わない日本の指導者は、この結果をどうとらえているのでしょうか。

2024年シーズンに大谷選手が打ったホームランの打球角度の内訳

打球角度	本数	打球角度	本数
19度	1	30度	3
20度	1	31度	2
21度	1	32度	5
22度	1	33度	1
23度	2	34度	4
24度	4	35度	4
25度	3	36度	3
26度	3	37度	3
27度	5	38度	2
28度	2	39度	1
29度	2	40度	1

第4章 まねるは学ぶの第一歩

手本となる人の言動を徹底的にまねよう

「学ぶ」の語源は「まねぶ」で、「まね」に動詞をつくる接尾語「ぶ」がついたことばです。

「学ぶはまねぶ」とは、約2500年前の孔子のことばです。「学ぶはまねぶ」には、身につけたいものがあるとき、手本となるものや人を見つけて、そのものや人の言動を徹底的にまねよという意味が込められています。

そこで本書の最後に、さまざまな〝大谷翔平あるある〟を列挙し、読者のみなさんに、ぜひまねをしていただきたいと思います。

大谷選手のプレーから私生活までをまねてみよう

高たんぱく・低脂質の食事を一日に6~7回とる

最初に紹介するのは、大谷選手のコンディショニングに対する考え方です。

第1章で、大谷選手の活躍の要因の一つとして、筋肉量の増加をあげ、その理由は徹底したウエイトトレーニングにあると述べました。

しかし、筋肉量が増加した理由は、ウエイトトレーニングだけではありません。食事と休養にも気を配っているのです。

まず食事から紹介しましょう。

大谷選手の食事の基本は、脂質（ししつ）が少なく、たんぱく質60グラムのおかずを一日に6~7回とることです。

具体的には、豚ヒレ肉、鶏胸肉、鶏ささみ、魚介類、ゆで卵などをおかずにして、ごはんかパスタかパンを主食とし、これに野菜、果物、乳製品をとります。これで一日4500キロカロリーを摂取（せっしゅ）しています。

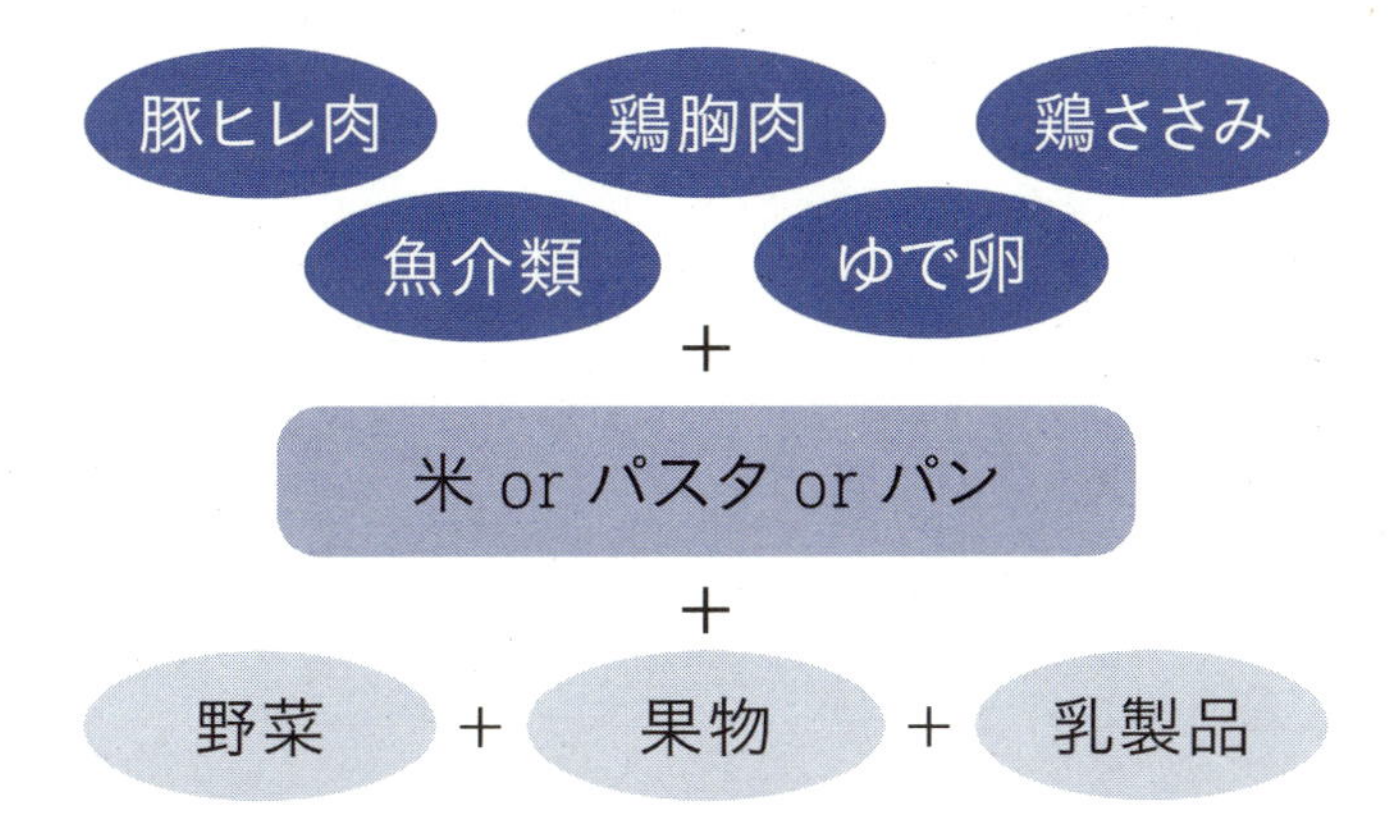

一日10時間以上の睡眠で体を休める

コンディショニングのもう一方の柱は休養です。

大谷選手は２０２３年に開催されたＷＢＣ（ワールド・ベースボール・クラシック）の期間中も、少なくとも重さ２２０キロのバーベルをかついでのスクワットを５回×５セットも行っていたほどウエイトトレーニングを徹底していました。

これほど体を追い込んだら、当然、それに見合

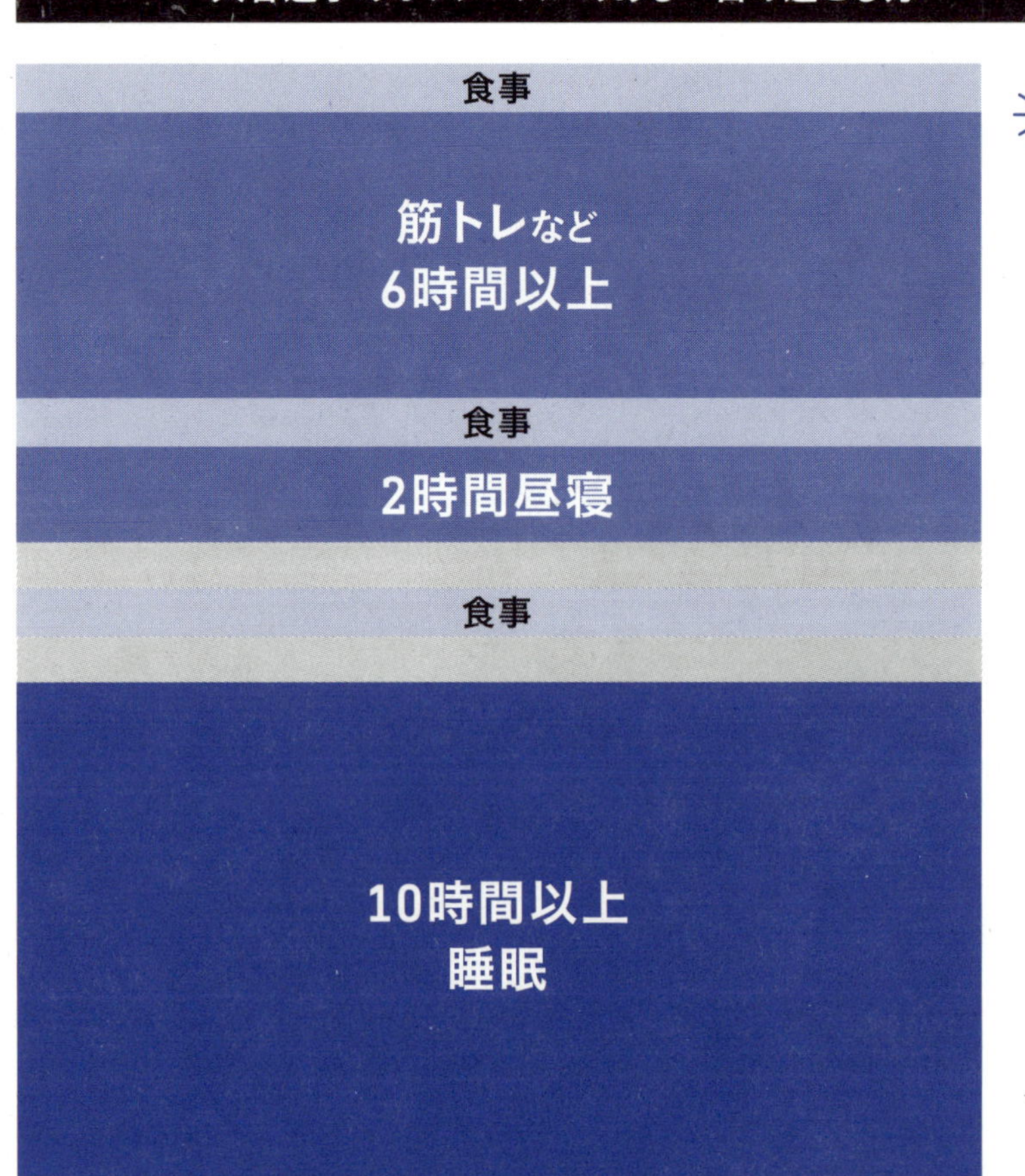

一日に10時間以上眠ることをルーティンにしている

った休養が必須になります。ウエイトトレーニングによって傷ついた筋肉の線維は、休養と栄養を与えることで修復し、そのときに筋肉が肥大するからです。

休養のために最も重要なのは睡眠です。大谷選手は睡眠にとてもこだわりがあり、一日に10時間以上眠ることをルーティンにしているのです。

右ページの表は、オフシーズンの大谷選手のある一日を表したものです。夜間の睡眠に加えて、昼寝を2時間しており、一日の半分以上を睡眠に費やしているのがわかります。

大谷選手自身も「一日の時間が1時間ふえるとしたら睡眠じゃないですかね。単純にそこで1時間ふえるだけで、起きている時間のクオリティーが上がるので」と語っています。

以上のことから、寝る間を惜しんでの夜間練習はまったくのナンセンスであることがわかります。

また、筋肉の修復だけでなく、技術の習得にも睡眠は大きな役割を果たします。練習した技術は、眠っている間に脳に定着するからです。

投手が右か左かによってステップ足の位置を変更

コンディショニングの次に紹介するのは、バッティング技術に関することです。

実践している理由などについて不明な点が多いため、第2章の「バッティングのポイント」には入れませんでしたが、〝大谷ウオッチャー〟の私にとっては、非常に興味深いものばかりです。

まず、投手が右投げか左投げかによって、ステップ足（大谷選手の場合は右足）の位置を変えていることです。イラストのように、左投手の場合は、ステップ足を軽く開いているのです。

これは、おそらく左投手特有の〝背中からくるボール〟に対応するためでしょう。

ステップ足を軽く開くことで、顔もやや正面に向き、ボールが見えやすくなるためと思われます。

左投手

ステップ足をやや開く

左投手と右投手の場合の右足の位置に注目

指幅1本分空けてバットを持ち(上)、右手の人さし指を伸ばしている(下)

指1本分空けてバットを握り右手の人さし指を伸ばす

メジャーでホームランバッターとしての才能を開花させた大谷選手。ホームランバッターというと、バットをめいっぱい長く持っているイメージがありますが、よく見ると、意外にも指幅1本分空けてバットを持っているのがわかります。

そして、ボトムハンド（大谷選手の場合は右手）の人さし指を伸ばしているのも大きな特徴です。

なぜそのようにしているのかは、現時点ではハッキリとはわかっていません。

この項目に関連したエクササイズの動画を視聴できます。

ボールを極限まで引きつけて打つ

こうしてステップ足の位置やバットの握り方を工夫したうえでバッティングに臨みますが、その最大の特徴は「極限までボールを引きつけて打つ」ことです。そのため、大谷選手はインターフェア（打撃妨害）の多いことで有名です。

日本人選手の多くは、ボールを前でとらえて軽打するイメージが強いものです。しかし、米国では、できるだけ引きつけて打つことがセオリーになっています。

大谷選手の場合、とくにアウトコースのボールに対しては、その傾向

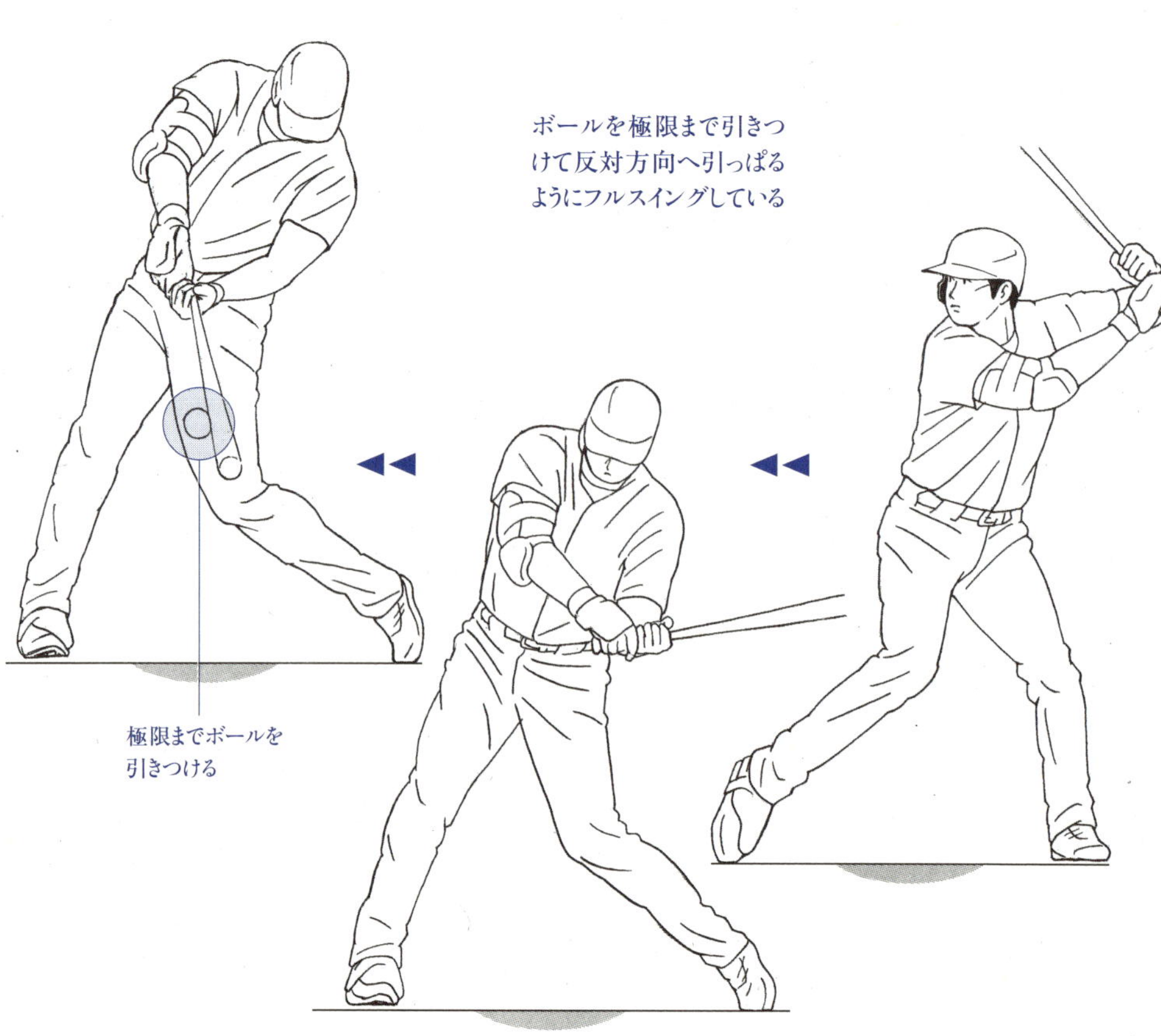

この項目に関連したエクササイズの動画を視聴できます。

が顕著で、軸足（大谷選手の場合は左足）の前でボールをとらえています。そのため、流すのではなく、〝反対方向に引っぱる〟ようにフルスイングをしているのです。

日本では、つまらされることを恥と考えますが、米国では泳がされることを恥と考えます。おそらく、そうした文化の違いが影響しているのではないでしょうか。

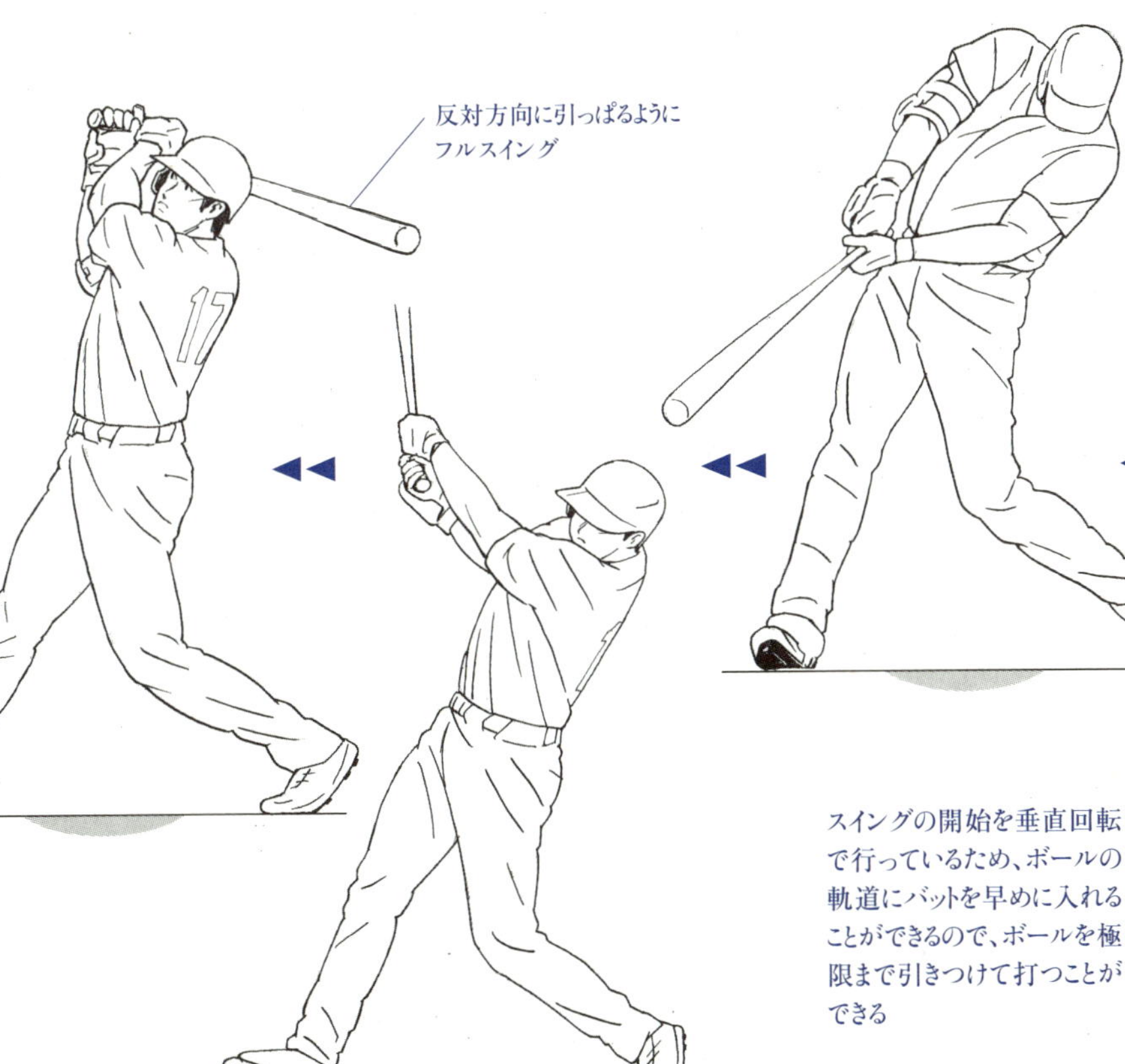

バットスプレーの使い方も独特

バッティングの技術以外でおもしろいのは、バットスプレーの使い方が独特なことです。

普通は、バットのグリップ付近にスプレーを直接吹きかけるものです。

ところが大谷選手は、空中にスプレーを噴霧(ふんむ)し、そこにバットを差し出して、まるでしゃぶしゃぶをするかのようにバットを動かすのです。

あくまでも推測ですが、そうすることによって、バットにスプレーが均一にいき渡るようにしているのかもしれません。大谷選手の繊細な一面を見たような気がします。

空中にスプレーを噴霧してそこにバットを差し出す

常に映像をチェックしコーチのアドバイスを重視している

データ・映像・コーチのアドバイスを重視

本章の最後に、大谷選手の野球に臨む姿勢や性格、メンタルなどの特徴をいくつかあげましょう。

野球に臨む姿勢としては、データ・映像・コーチのアドバイスの三つを重視している点です。

とくに映像に関しては「映像を見るのが趣味」というほどで、ベンチやロッカールームで常に映像を見ています。

また、コーチのアドバイスを重視する姿には、スーパースターらしからぬ素直な性格がにじみ出ています。

目標達成シートを作り
目標を次々と達成

大谷選手といえば、高校時代に書いた「目標達成シート」の存在を知っている人は多いことでしょう。

花巻東高校の佐々木洋監督の教えにより作成したこのシートは、強い目標（夢）を中心に置き、周囲9×9の合計81マスに細分化した目標を書き込んだものです。

中央の強い目標には「8球団からドラフト1位指名を受ける」と書き、その大目標を達成するために「体づくり」「コントロール」「キレ」「メンタル」「スピード時速160キロ」「人間性」「運」「変化球」の8要素を書き込んでいます。

さらに、その周囲の72マスにもさまざまな目標を書き込み、そのほとんどを実現しているのは驚異としかいいようがありません。

大谷選手が高校1年生のときに書いた目標達成シート

体のケア	サプリメントを飲む	フロントスクワット90kg	インステップ改善	体幹強化	軸をぶらさない	角度をつける	上からボールをたたく	リストの強化
柔軟性	体づくり	リアスクワット130kg	リリースポイントの安定	コントロール	不安をなくす	力まない	キレ	下半身主導
スタミナ	可動域	食事 夜7杯 朝3杯	下肢の強化	体を開かない	メンタルコントロールをする	ボールを前でリリース	回転数アップ	可動域
ハッキリとした目標、目的を持つ	一喜一憂しない	頭は冷静に心は熱く	体づくり	コントロール	キレ	軸で回る	下肢の強化	体重増加
ピンチに強い	メンタル	雰囲気に流されない	メンタル	ドラフト1位8球団	スピード160km/h	体幹強化	スピード160km/h	肩まわりの強化
波をつくらない	勝利への執念	仲間を思いやる心	人間性	運	変化球	可動域	ライナーキャッチボール	ピッチングをふやす
感性	愛される人間	計画性	あいさつ	ゴミ拾い	部屋そうじ	カウントボールをふやす	フォークボール完成	スライダーのキレ
思いやり	人間性	感謝	道具を大切に使う	運	審判さんへの態度	遅く落差のあるカーブ	変化球	左打者への決め球
礼儀	信頼される人間	継続力	プラス思考	応援される人間になる	本を読む	ストレートと同じフォームで投げる	ストライクからボールに投げるコントロール	奥行きをイメージ

私が感銘を受けた大谷選手の名言5選

1. 先入観は可能を不可能にする
2. 人生が夢をつくるんじゃない。夢が人生をつくるんだ
3. 成功するとか失敗するとかは僕には関係ない。それをやってみることのほうが大事
4. 悔しい経験がないと、うれしい経験もない
5. 憧れるのはやめましょう。今日トップになるために来たので

数々の名言の内容を実行してみよう！

大谷選手は多くの名言も残しています。数々の名言のなかから、私が感銘を受けたことば5選を上にまとめました。

どれもがポジティブなものばかりで、大谷選手の人柄と人生観がにじみ出ています。

心が動いた結果、行動が生まれます。ぜひこの名言の内容を実行して、第二の大谷翔平をめざしてください。

おわりに

私が試合で初めて柵越えのホームランを打ったのは、中学2年生のときでした。なんともいえない満足感を胸に、ゆっくりとダイヤモンドを回った感覚は、いまでもありありと浮かんできます。

ところが、2塁ベースを回ったあたりで、コーチから「おまえ、なにプロの選手気取りでチンタラ走っとるんじゃ！ サッサと走らんかい！」といわれ、あわてて全力疾走したのでした。

日本の少年野球のグラウンドは、広さが大人のものとさほど変わらないため、ホームランといえば外野の間を抜けたランニングホームランがほとんどで、柵越えのホームランはめったに出ません。

一方、米国では少年野球用に狭く設計したグラウンドでプレーするため、柵越えのホームランが出やすくなっています。そして、子供たちは、「がんばればあの柵を越えられるんだ」と、バットを思いきり振り回す快感にひたっています。その姿は、メジャーでホームランを連発する大谷翔平選手の姿と重なります。

大谷選手を見ていると、野球が好きでたまらないことがダイレクトに伝わってきます。まさに野球小僧そのものです。

試合前の打者・大谷選手のルーティンは、動画を見ることから始まるそうです。自分だけでなく、いろいろな打者のバッティングを見て、イメージをしていきます。そして、まずティースタンドに置いたボールを打ちます。次に、コーチに正面からトスを上げてもらってのティーバッティングを行います。最後に、トラジェクトアークという、指定した投手の投球を再現できる打撃マシンを使って打撃練習をします。その間は、ブラストという装置をバットのグリップエンドに装着し、スイングの速度や角度などを計測しながらスイングしています。

実にきめ細かい作業の連続ですが、当の大谷選手はいたって楽しそうです。本人がやりたいからやっているので、楽しくてしょうがないのでしょう。そのため、たとえ試合で4タコ（4打数ノーヒット）でも、クラブハウスでいちばん明るくふるまっています。信じられないくらいまわりを明るくするのです。

今回、大谷選手のバッティングを徹底的に解剖することで、打球をより遠くへ飛ばす方法を探ってみました。その結論は、従来の日本の野球界のバッティング理論とは正反対のものになりました。私は従来のバッティング理論を頭から否定するつもりはありません。しかし、大谷選手がメジャーに移籍してから実行したバッティングの大転換が、50-50（50本塁打・50盗塁）という奇跡を実現させたのは、動かしよう

のない事実です。

本書の最後に、３００点以上のイラストを描いていただいたイラストレーターの横山英史氏、読みやすいデザインをしていただいたデザイナーの田中俊輔氏、さまざまなアドバイスをいただいたフリーランス編集者の狩野元春氏、出版の機会を与えていただいた株式会社エクスナレッジ編集部の加藤紳一郎氏、そしてボールを遠くへ飛ばす快感を再認識させてくれた、また世界中に野球ファンをふやしてくれた大谷翔平選手に心から感謝申し上げます。

２０２５年サクラの季節に

著者記す

参考文献

『プロ野球打者の共通フォーム&習得法』立花龍司監修　金堀哲也協力　ベースボール・マガジン社
『科学に基づくフライボール打法』立花龍司著　ベースボール・マガジン社
『大谷翔平の言葉』桑原晃弥著　リベラル社
『ベースボール・クリニック』2021年10月号　ベースボール・マガジン社
『ベースボール・クリニック』2021年12月号　ベースボール・マガジン社

立花龍司（たちばな・りゅうじ）

1964年大阪府生まれ。大阪商業大学経済学部卒業。天理大学体育学部単位取得。筑波大学大学院体育専門学群スポーツ医学修士課程修了（2008年7月）。浪商、大商大で野球部の投手を務め、その後天理大学体育学部でスポーツ医学を専攻。高校時代に肩を壊し、大学3年でプレイ続行を断念するが「日本の野球界を変えるために指導者になりたい」と、まだコンディショニングコーチという言葉さえ存在しなかった時代にその道を目指す。1989年 近鉄に入団。コンディショニングコーチとして故障者激減という実績を積む。1994年～1996年 千葉ロッテマリーンズコンディショニングコーチ。1997年 ニューヨークメッツコンディショニングコーチ。同年オフに帰国後、再び千葉ロッテマリーンズと契約。2000年10月末ロッテ退団。2006年 東北楽天ゴールデンイーグルスコンディショニングディレクターに就任。同年オフ退団。2007年 千葉ロッテマリーンズヘッドコンディショニングディレクターに就任。2009年度退団。現在は、フィットネスジムと治療院を併設する「タチリュウコンディショニングジム」（千葉・大阪）を経営。スポーツドクター、トレーナー、理学療法士、コンディショニングコーチ、栄養管理士がチームを組んで指導を行うSCA（ストレングス&コンディショニングアカデミー）を主宰し、専門的な指導・育成に取り組んでいる。

タチリュウコンディショニングジム千葉八千代本店
〒276-0046 千葉県八千代市大和田新田138-6
TEL:047-407-0126

大谷翔平の
バッティング解剖図鑑

2025年4月22日　初版第一刷発行

著者　立花龍司
発行者　三輪浩之
発行所　株式会社エクスナレッジ
〒106-0032 東京都港区六本木7-2-26
https://www.xknowledge.co.jp/
問合先　編集 TEL 03-3403-6796
FAX 03-3403-0582
販売 TEL 03-3403-1321
FAX 03-3403-1829
info@xknowledge.co.jp